REGULAMENTO DA
LEI DE MIGRAÇÃO

Decreto nº 9.199, de 20 de novembro de 2017

Acompanha a obra:
Lei de Migração e Legislação Complementar
(Supervisão editorial Jair Lot Vieira. São Paulo: Edipro, 2017.)

DECRETO Nº 9.199, DE 20 DE NOVEMBRO DE 2017

Regulamenta a Lei nº 13.445, de 24 de maio de 2017, que institui a Lei de Migração.

O PRESIDENTE DA REPÚBLICA, no uso da atribuição que lhe confere o art. 84, *caput*, inciso IV, da Constituição, e tendo em vista o disposto na Lei nº 13.445, de 24 de maio de 2017,

DECRETA:

Capítulo I
DISPOSIÇÕES PRELIMINARES

Art. 1º. Este Decreto regulamenta a Lei de Migração, instituída pela Lei nº 13.445, de 24 de maio de 2017.

Parágrafo único. Para fins do disposto na Lei nº 13.445, de 2017, consideram-se:

I – migrante – pessoa que se desloque de país ou região geográfica ao território de outro país ou região geográfica, em que estão incluídos o imigrante, o emigrante e o apátrida;

II – imigrante – pessoa nacional de outro país ou apátrida que trabalhe ou resida e se estabeleça temporária ou definitivamente na República Federativa do Brasil;

III – emigrante – brasileiro que se estabeleça temporária ou definitivamente no exterior;

IV – residente fronteiriço – pessoa nacional de país limítrofe ou apátrida que conserve a sua residência habitual em Município fronteiriço de país vizinho;

V – visitante – pessoa nacional de outro país ou apátrida que venha à República Federativa do Brasil para estadas de curta duração, sem pretensão de se estabelecer temporária ou definitivamente no território nacional;

VI – apátrida – pessoa que não seja considerada como nacional por nenhum Estado, conforme a sua legislação, nos termos da Convenção sobre o Estatuto dos Apátridas, de 1954, promulgada pelo Decreto nº 4.246, de 22 de maio de 2002, ou assim reconhecida pelo Estado brasileiro;

VII – refugiado – pessoa que tenha recebido proteção especial do Estado brasileiro, conforme previsto na Lei nº 9.474, de 22 de julho de 1997; e

VIII – ano migratório – período de doze meses, contado da data da primeira entrada do visitante no território nacional, conforme disciplinado em ato do dirigente máximo da Polícia Federal.

Art. 2º. Ao imigrante são garantidos os direitos previstos em lei, vedada a exigência de prova documental impossível ou descabida que dificulte ou impeça o exercício de seus direitos.

Parágrafo único. Os órgãos da administração pública federal revisarão procedimentos e normativos internos com vistas à observância ao disposto no *caput*.

Art. 3º. É vedado denegar visto ou residência ou impedir o ingresso no País por motivo de etnia, religião, nacionalidade, pertinência a grupo social ou opinião política.

Capítulo II
DOS VISTOS

Seção I
Disposições gerais

Art. 4º. O visto é o documento que dá a seu portador expectativa de ingresso no território nacional.

§ 1º. O visto poderá ser aposto a qualquer documento de viagem válido emitido nos padrões estabelecidos pela Organização da Aviação Civil Internacional, o que não implica o reconhecimento de Estado, Governo ou Regime.

§ 2º. Para fins de aposição de visto, considera-se documento de viagem válido, expedido por governo estrangeiro ou organismo internacional reconhecido pelo Governo brasileiro:

I – passaporte;

II – *laissez-passer*; ou

III – documento equivalente àqueles referidos nos incisos I e II.

§ 3º. Excepcionalmente, quando o solicitante não puder apresentar documento de viagem válido expedido nos termos previstos no § 2º o visto poderá ser aposto em *laissez-passer* brasileiro.

Art. 5º. Ao solicitante que pretenda ingressar ou permanecer no território nacional poderá ser concedido visto:

I – de visita;

II – temporário;

III – diplomático;

IV – oficial; e

V – de cortesia.

Art. 6º. O solicitante poderá possuir mais de um visto válido, desde que os vistos sejam de tipos diferentes.

§ 1º. A autoridade consular, ao conceder o visto, consignará, no documento de viagem do interessado, o tipo e o prazo de validade, e, quando couber, a hipótese de enquadramento do visto.

§ 2º. No momento da entrada do portador do visto no território nacional, a Polícia Federal definirá a situação migratória aplicável, de acordo com os objetivos da viagem declarados pelo portador do visto.

Art. 7º. O visto será concedido por embaixadas, consulados-gerais, consulados, vice-consulados e, quando habilitados pelo Ministério das Relações Exteriores, por escritórios comerciais e de representação do País no exterior.

§ 1º. Excepcionalmente, os vistos diplomático, oficial e de cortesia poderão ser concedidos no País pelo Ministério das Relações Exteriores.

§ 2º. Na hipótese de suspensão de relações diplomáticas e consulares, os vistos de entrada no País poderão ser concedidos por missão diplomática ou repartição consular do país encarregado dos interesses brasileiros.

Art. 8º. O visto é individual.

Parágrafo único. Na hipótese de haver mais de uma pessoa registrada no mesmo documento de viagem, o visto poderá ser concedido ao titular e aos dependentes incluídos no documento de viagem que pretendam vir à República Federativa do Brasil.

Art. 9º. O portador de documento de viagem expirado em que conste visto brasileiro válido poderá ingressar no território nacional se apresentar o visto acompanhado de documento de viagem válido.

Parágrafo único. O disposto no *caput* não se aplica aos titulares de visto solicitado e emitido por meio eletrônico.

Art. 10. Para solicitar o visto, os seguintes documentos deverão ser apresentados à autoridade consular:

I – documento de viagem válido, nos termos estabelecidos no art. 4º;

II – certificado internacional de imunização, quando exigido pela Agência Nacional de Vigilância Sanitária – Anvisa;

III – comprovante de pagamento de emolumentos consulares, quando aplicável;

IV – formulário de solicitação de visto preenchido em sistema eletrônico disponibilizado pelo Ministério das Relações Exteriores; e

V – demais documentos específicos para cada tipo de visto, observado o disposto neste Decreto e em regulamentos específicos, quando cabível.

§ 1º. A autoridade consular poderá, a seu critério, solicitar o comparecimento pessoal do solicitante a um dos locais mencionados no *caput* do art. 7º para realização de entrevista.

§ 2º. Do formulário referido no inciso IV do *caput* constará declaração, sob as penas da lei, de que o requerente não se enquadra em nenhuma hipótese de denegação de visto ou impedimento de ingresso.

Art. 11. A posse ou a propriedade de bem no País não conferirá o direito de obter visto, sem prejuízo do disposto sobre visto temporário para realização de investimento.

Art. 12. Os Ministérios da Justiça e Segurança Pública, das Relações Exteriores e do Trabalho integrarão eletronicamente as suas bases de dados relacionadas com o processamento das solicitações de vistos, o controle migratório, o registro e a autorização de residência.

Subseção I
Das taxas e dos emolumentos

Art. 13. Taxas e emolumentos consulares serão cobrados pelo processamento do visto, em conformidade com o disposto no Anexo à Lei nº 13.445, de 2017, respeitadas as hipóteses de isenção.

§ 1º. Os valores das taxas e dos emolumentos consulares poderão ser ajustados pelo Ministério das Relações Exteriores, de forma a preservar o interesse nacional ou a assegurar a reciprocidade de tratamento.

§ 2º. Emolumentos consulares não serão cobrados pela concessão de:

I – vistos diplomáticos, oficiais e de cortesia; e

II – vistos em passaportes diplomáticos, oficiais ou de serviço, ou documentos equivalentes, observada a reciprocidade de tratamento a titulares de documento de viagem similar ao brasileiro.

§ 3º. A isenção da cobrança de taxas a que se refere o § 2º será implementada pelo Ministério das Relações Exteriores, por meio de comunicação diplomática.

Subseção II
Dos prazos de validade

Art. 14. O prazo de validade do visto é aquele ao longo do qual o visto poderá ser utilizado para entrada no País.

§ 1º. O prazo de validade estará indicado nos vistos e começará a ser contado a partir da data de emissão do visto.

§ 2º. O visto não poderá mais ser utilizado para entrada no País quando o seu prazo de validade expirar.

Art. 15. O prazo de validade do visto de visita será de um ano, e, exceto se houver determinação em contrário do Ministério das Relações Exteriores, permitirá múltiplas entradas no País enquanto o visto estiver válido.

§ 1º. O prazo de validade do visto de visita poderá ser reduzido, a critério do Ministério das Relações Exteriores.

§ 2º. Nas hipóteses em que houver reciprocidade de tratamento, em termos definidos por comunicação diplomática, o visto de visita poderá ter prazo de validade de até dez anos.

§ 3º. O prazo de validade do visto de visita, quando solicitado e emitido por meio eletrônico, nos termos estabelecidos no art. 26, poderá ser superior a um ano, a critério do Ministério das Relações Exteriores.

Art. 16. O visto temporário poderá ser concedido com prazo de validade de até um ano, e, exceto se houver determinação em contrário do Ministério das Relações Exteriores, permitirá múltiplas entradas no País enquanto o visto estiver válido.

Parágrafo único. O prazo de validade do visto temporário não se confunde com o prazo da autorização de residência.

Art. 17. O prazo máximo de validade do visto solicitado e emitido por meio eletrônico será definido em ato do Ministro de Estado das Relações Exteriores e poderá ser condicionado à data de expiração do documento de viagem apresentado pelo solicitante.

Art. 18. Os vistos diplomático, oficial e de cortesia terão prazo de validade de até três anos, e permitirão múltiplas entradas no território nacional, desde que os seus portadores cumpram os requisitos de registro estabelecidos pelo Ministério das Relações Exteriores.

Art. 19. O prazo de estada do visto de visita é aquele durante o qual o seu portador poderá permanecer no território nacional e começa a ser contado a partir da data da primeira entrada no País.

Art. 20. O visto de visita terá prazo de estada de até noventa dias, prorrogáveis pela Polícia Federal por até noventa dias, desde que o prazo de estada máxima no País não ultrapasse cento e oitenta dias a cada ano migratório, ressalvado o disposto no § 7º do art. 29.

§ 1º. A contagem do prazo de estada do visto de visita começará a partir da data da primeira entrada no território nacional e será suspensa sempre que o visitante deixar o território nacional.

§ 2º. A prorrogação do prazo de estada do visto de visita somente poderá ser feita na hipótese de nacionais de países que assegurem reciprocidade de tratamento aos nacionais brasileiros.

§ 3º. A Polícia Federal poderá, excepcionalmente, conceder prazo de estada inferior ao previsto no *caput* ou, a qualquer tempo, reduzir o prazo previsto de estada do visitante no País.

§ 4º. A solicitação de renovação do prazo do visto de visita deverá ser realizada antes de expirado o prazo de estada original, hipótese em que deverão ser apresentados os seguintes documentos:

I – documento de viagem válido;

II – comprovante de recolhimento da taxa; e

III – formulário de solicitação de renovação do prazo disponibilizado pela Polícia Federal.

Art. 21. Ato do Ministro de Estado da Justiça e Segurança Pública disciplinará os procedimentos para a renovação do prazo de estada do visitante.

Art. 22. O prazo inicial de estada dos portadores de vistos temporários, diplomáticos, oficiais e de cortesia será igual ao seu prazo de validade.

Parágrafo único. O prazo inicial de estada do visto temporário não se confunde com o prazo da autorização de residência.

Art. 23. O disposto no art. 20 poderá ser aplicado aos nacionais de países isentos de vistos para visitar o País.

Parágrafo único. Prazos de estada e de contagem distintos daqueles previstos no art. 20 poderão ser estabelecidos, observada a reciprocidade de tratamento a nacionais brasileiros.

Subseção III
Da simplificação de procedimentos e da dispensa de vistos

Art. 24. O Ministério das Relações Exteriores poderá editar normas sobre a simplificação de procedimentos para concessão de visto, por reciprocidade de tratamento ou por outros motivos que julgar pertinentes.

Art. 25. A simplificação e a dispensa recíproca de visto ou de cobrança de taxas e emolumentos consulares por seu processamento poderão ser definidas por meio de comunicação diplomática.

§ 1º. A dispensa de vistos a que se refere o *caput* será concedida, a critério do Ministério das Relações Exteriores, aos nacionais de país que assegure a reciprocidade de tratamento aos nacionais brasileiros, enquanto durar essa reciprocidade, e os requisitos da dispensa recíproca serão definidos por meio de comunicação diplomática.

§ 2º. Ato conjunto dos Ministros de Estado da Justiça e Segurança Pública e das Relações Exteriores poderá, excepcionalmente, dispensar a exigência do visto de visita, por prazo e nacionalidades determinados, observado o interesse nacional.

§ 3º. O Ministério das Relações Exteriores informará à Polícia Federal e às demais autoridades competentes sobre os países aos quais se aplica a isenção de vistos e sobre as condições relacionadas a essa isenção.

Art. 26. O visto poderá ser solicitado e emitido por meio eletrônico, dispensada a aposição da etiqueta consular correspondente no documento de viagem do requerente, conforme definido em ato do Ministro de Estado das Relações Exteriores, do qual constarão as nacionalidades, os prazos e as condições aplicáveis para a sua concessão.

§ 1º. As solicitações do visto de que trata o *caput* serão processadas pelo Ministério das Relações Exteriores, o qual se baseará na capacidade tecnológica disponível e nas garantias de segurança que o procedimento ofereça em relação aos nacionais do país a que se aplique.

§ 2º. Para a obtenção de visto por meio eletrônico, o solicitante deverá:

I – preencher e enviar formulário disponível em sítio eletrônico indicado pelo Ministério das Relações Exteriores;

II – apresentar, por meio eletrônico, os documentos requeridos em ato do Ministro de Estado das Relações Exteriores; e

III – pagar os emolumentos e as taxas cobrados para o processamento do pedido de visto.

§ 3º. A autoridade consular brasileira poderá solicitar a apresentação dos originais dos documentos requeridos para dirimir dúvidas e solicitar documentos adicionais para a instrução do pedido feito por meio eletrônico.

§ 4º. A autoridade consular poderá, a seu critério, requerer o comparecimento pessoal do solicitante a um dos locais mencionados no *caput* do art. 7º para realização de entrevista.

Subseção IV
Da negativa de concessão e da denegação de vistos

Art. 27. O visto não será concedido:

I – a quem não preencher os requisitos para o tipo de visto pleiteado, definidos em regulamentos específicos, quando cabível;

II – a quem comprovadamente ocultar condição impeditiva de concessão de visto ou de ingresso no País;

III – a menor de dezoito anos desacompanhado ou sem autorização de viagem por escrito dos responsáveis legais ou de autoridade competente; e

IV – a quem, no momento de solicitação do visto, comportar-se de forma agressiva, insultuosa ou desrespeitosa para com os agentes do serviço consular brasileiro.

Parágrafo único. A não concessão de visto não impede a apresentação de nova solicitação, desde que cumpridos os requisitos para o tipo de visto pleiteado.

Art. 28. O visto poderá ser denegado à pessoa:

I – anteriormente expulsa do País, enquanto os efeitos da expulsão vigorarem;

II – nos termos definidos pelo Estatuto de Roma do Tribunal Penal Internacional, de 1998, promulgado pelo Decreto nº 4.388, de 25 de setembro de 2002, condenada ou respondendo a processo por:

a) ato de terrorismo ou crime de genocídio;

b) crime contra a humanidade;

c) crime de guerra; ou

d) crime de agressão;

III – condenada ou respondendo a processo em outro país por crime doloso passível de extradição segundo a lei brasileira;

IV – que tenha o nome incluído em lista de restrições por ordem judicial ou por compromisso assumido pelo País perante organismo internacional; e

V – que tenha praticado ato contrário aos princípios e aos objetivos dispostos na Constituição.

Parágrafo único. A pessoa que tiver visto brasileiro denegado será impedida de ingressar no País enquanto as condições que ensejaram a denegação perdurarem.

Seção II
Do visto de visita

Art. 29. O visto de visita poderá ser concedido ao visitante que venha ao País para estada de curta duração, sem intenção de estabelecer residência, para fins de turismo, negócios, trânsito, realização de atividades artísticas ou desportivas ou em situações excepcionais, por interesse nacional.

§ 1º. É vedado ao beneficiário de visto de visita exercer atividade remunerada no País.

§ 2º. Para os fins do disposto neste artigo, as atividades relativas a turismo compreendem a realização de atividades de caráter turístico, informativo, cultural, educacional ou recreativo, além de visitas familiares, participação em conferências, seminários, congressos ou reuniões, realização de serviço voluntário ou de atividade de pesquisa, ensino ou extensão acadêmica, desde que observado o disposto no § 1º e que a atividade realizada não tenha prazo superior àquele previsto no art. 20.

§ 3º. Para os fins do disposto neste artigo, as atividades relativas a negócios compreendem a participação em reuniões, feiras e eventos empresariais, a cobertura jornalística ou a realização de filmagem e reportagem, a prospecção de oportunidades comerciais, a assinatura de contratos, a realização de auditoria ou consultoria, e a atuação como tripulante de aeronave ou embarcação, desde que observado o disposto no § 1º e que a atividade realizada não tenha prazo superior àquele previsto no art. 20.

§ 4º. O visto de visita emitido para atividades artísticas e desportivas incluirá, também, os técnicos em espetáculos de diversões e os demais profissionais que, em caráter auxiliar, participem da atividade do artista ou do desportista.

§ 5º. O visto de visita emitido para atividades artísticas e desportivas não dispensará o seu portador da obtenção de autorização e do registro junto ao Ministério do Trabalho para realização de atividades artísticas.

§ 6º. O Ministério das Relações Exteriores comunicará o Ministério do Trabalho sobre os vistos de visita emitidos para realização de atividades artísticas ou desportivas, para realização de auditoria e consultoria, ou para atuação como marítimo, e informará os subsídios financeiros a serem recebidos pelo visitante.

§ 7º. O visto de visita emitido para realização de atividades artísticas ou desportivas, para realização de auditoria e consultoria, ou para atuação como marítimo terá prazo de estada de até noventa dias, improrrogável a cada ano migratório, observado o seguinte:

I – na hipótese de o marítimo ingressar no País em viagem de longo curso ou em cruzeiros marítimos pela costa brasileira, para estadas de até noventa dias a cada ano migratório, estará isento de visto, desde que apresente carteira internacional de marítimo emitida nos termos de Convenção da Organização Internacional do Trabalho; e

II – na hipótese de o marítimo desejar vir ao País para trabalhar a bordo de embarcação de bandeira brasileira, independentemente do prazo, ou a bordo de embarcação estrangeira, por prazo superior a noventa dias a cada ano migratório, deverá solicitar o visto temporário a que se refere o art. 38.

§ 8º. As situações excepcionais de concessão de visto de visita, de acordo com o interesse nacional, serão definidas:

I – em ato do Ministro de Estado das Relações Exteriores; ou

II – em ato conjunto dos Ministros das Relações Exteriores e do Trabalho, quando se tratar de questões laborais.

§ 9º. O beneficiário de visto de visita poderá receber pagamento do governo, de empregador brasileiro ou de entidade privada a título de diária, ajuda de custo, cachê, pró-labore ou outras despesas com a viagem, além de poder concorrer a prêmios, inclusive em dinheiro, em competições desportivas ou em concursos artísticos ou culturais.

§ 10. O visto de visita não será exigido na hipótese de escala ou conexão no território nacional, desde que o visitante não deixe a área de trânsito internacional.

§ 11. Além dos documentos a que se refere o art. 10, *caput*, incisos I, II, III e IV, poderão ser exigidos:

I – comprovante de meio de transporte de entrada e saída do território nacional;

II – prova de meios de subsistência compatíveis com o prazo e com o objetivo da viagem pretendida; e

III – documentação que ateste a natureza das atividades que serão desenvolvidas no País.

§ 12. Documentos adicionais e entrevista presencial dos visitantes poderão ser solicitados para a confirmação do objetivo da viagem.

Art. 30. O visto de visita poderá ser transformado em autorização de residência ou em visto diplomático, oficial ou de cortesia, no território nacional, desde que o visitante preencha os requisitos estabelecidos neste Decreto.

Art. 31. Ato do Ministro de Estado das Relações Exteriores estabelecerá os procedimentos para a concessão do visto de visita.

Art. 32. Caberá ao Ministério das Relações Exteriores divulgar e manter em sítio eletrônico a relação atualizada dos países cujos nacionais gozam de isenção do visto de visita.

Seção III
Dos vistos temporários

Art. 33. O visto temporário poderá ser concedido ao imigrante que venha ao País com o intuito de estabelecer residência por tempo determinado e que se enquadre em, no mínimo, uma das seguintes hipóteses:

I – o visto temporário tenha como finalidade:

a) pesquisa, ensino ou extensão acadêmica;

b) tratamento de saúde;

c) acolhida humanitária;

d) estudo;

e) trabalho;

f) férias-trabalho;

g) prática de atividade religiosa;

h) serviço voluntário;

i) realização de investimento;

j) atividades com relevância econômica, social, científica, tecnológica ou cultural;

k) reunião familiar; ou

l) atividades artísticas ou desportivas com contrato por prazo determinado;

II – o imigrante seja beneficiário de tratado em matéria de vistos; ou

III – o atendimento de interesses da política migratória nacional.

Art. 34. O visto temporário para pesquisa, ensino ou extensão acadêmica poderá ser concedido ao imigrante com ou sem vínculo empregatício com a instituição de pesquisa ou de ensino brasileira, exigida, na hipótese de vínculo, a comprovação de formação superior compatível ou equivalente reconhecimento científico.

§ 1º. O visto temporário para pesquisa, ensino ou extensão acadêmica com vínculo empregatício no País será concedido ao imigrante que comprovar oferta de trabalho, caracterizada por meio de contrato de trabalho ou de prestação de serviços celebrado com instituição de pesquisa ou de ensino brasileira.

§ 2º. O visto temporário para pesquisa, ensino ou extensão acadêmica sem vínculo empregatício no País será concedido ao imigrante detentor de bolsa ou auxílio em uma das modalidades previstas no *caput*, quando o prazo de vigência da bolsa for superior a noventa dias.

§ 3º. Enquadra-se na hipótese prevista no § 2º o imigrante que possuir vínculo institucional exclusivamente no exterior e pretenda realizar atividade de pesquisa, ensino ou de extensão acadêmica subsidiada por instituição de pesquisa ou de ensino estrangeira, desde que em parceria com instituição brasileira.

§ 4º. O imigrante que se encontre no País sob o amparo do visto temporário de pesquisa, de ensino ou de extensão acadêmica, sem vínculo empregatício no País, por prazo superior a noventa dias, poderá exercer atividade remunerada no País, desde que relacionada à área de pesquisa, de ensino ou de extensão acadêmica.

§ 5º. A concessão do visto temporário de que trata *caput* observará os requisitos, as condições, os prazos e os procedimentos estabelecidos em resolução do Conselho Nacional de Imigração.

§ 6º. Para fins da concessão do visto de que trata o *caput*, será solicitada, junto ao Ministério do Trabalho, autorização de residência prévia à emissão do visto, ressalvadas as hipóteses definidas em resolução do Conselho Nacional de Imigração.

§ 7º. A concessão da autorização de residência de que trata o § 6º não implicará a emissão automática do visto temporário de que trata o *caput*.

Art. 35. O visto temporário para tratamento de saúde poderá ser concedido ao imigrante e ao seu acompanhante, desde que o imigrante comprove possuir meios de subsistência suficientes.

§ 1º. A concessão do visto temporário para tratamento de saúde, sem prejuízo do direito à saúde dos imigrantes estabelecidos no País, estará condicionada à comprovação de meios de subsistência suficientes para custear o seu tratamento e a sua manutenção durante o período em que o tratamento for realizado, por recurso próprio, seguro de saúde válido no território nacional ou certificado de prestação de serviço de saúde previsto em tratado de que o País seja parte.

§ 2º. Excepcionalmente, poderá ser concedido visto temporário a mais de um acompanhante, ainda que sejam não cumpridos os requisitos de reunião familiar, desde que comprovada a necessidade médica.

§ 3º. Os titulares do visto temporário de que trata o *caput* não terão direito de exercer atividade remunerada no País.

§ 4º. Ato conjunto dos Ministros de Estado da Justiça e Segurança Pública e das Relações Exteriores disciplinará a concessão do visto temporário de que trata o *caput*.

Art. 36. O visto temporário para acolhida humanitária poderá ser concedido ao apátrida ou ao nacional de qualquer país em situação de grave ou iminente instabilidade institucional, de conflito armado, de calamidade de grande proporção, de desastre ambiental ou de grave violação de direitos humanos ou de direito internacional humanitário.

§ 1º. Ato conjunto dos Ministros de Estado da Justiça e Segurança Pública, das Relações Exteriores e do Trabalho definirá as condições, os prazos e os requisitos para a emissão do visto mencionado no *caput* para os nacionais ou os residentes de países ou regiões nele especificados.

§ 2º. Ato conjunto dos Ministros de Estado da Justiça e Segurança Pública, das Relações Exteriores e do Trabalho poderá estabelecer instruções específicas para a realização de viagem ao exterior do portador do visto de que trata o *caput*.

§ 3º. A possibilidade de livre exercício de atividade laboral será reconhecida ao imigrante a quem tenha sido concedido o visto temporário de que trata o *caput*, nos termos da legislação vigente.

Art. 37. O visto temporário para estudo poderá ser concedido ao imigrante que pretenda vir ao País para frequentar curso regular ou realizar estágio ou intercâmbio de estudo ou de pesquisa.

§ 1º. O visto temporário para estudo autoriza o imigrante a realizar as atividades previstas no *caput* vinculadas a instituição de ensino definida.

§ 2º. O exercício de atividade remunerada compatível com a carga horária do estudo será permitido ao titular do visto mencionado no *caput*, nos termos da legislação vigente.

§ 3º. Ato conjunto dos Ministros de Estado da Justiça e Segurança Pública e das Relações Exteriores estabelecerá as condições e os procedimentos para a concessão do visto mencionado no *caput*.

Art. 38. O visto temporário para trabalho poderá ser concedido ao imigrante que venha exercer atividade laboral com ou sem vínculo empregatício no País.

§ 1º. O visto temporário para trabalho com vínculo empregatício será concedido por meio da comprovação de oferta de trabalho no País, observado o seguinte:

I – a oferta de trabalho é caracterizada por meio de contrato individual de trabalho ou de contrato de prestação de serviços; e

II – os marítimos imigrantes a bordo de embarcação de bandeira brasileira deverão possuir contrato individual de trabalho no País.

§ 2º. O visto temporário para trabalho sem vínculo empregatício será concedido por meio da comprovação de oferta de trabalho no País, quando se tratar das seguintes atividades:

I – prestação de serviço ou auxílio técnico ao Governo brasileiro;

II – prestação de serviço em razão de acordo de cooperação internacional;

III – prestação de serviço de assistência técnica ou transferência de tecnologia;

IV – representação, no País, de instituição financeira ou assemelhada sediada no exterior;

V – representação de pessoa jurídica de direito privado, sem fins lucrativos;

VI – recebimento de treinamento profissional junto a subsidiária, filial ou matriz brasileira;

VII – atuação como marítimo com prazo de estada superior a noventa dias, a bordo de embarcação ou plataforma de bandeira estrangeira;

VIII – realização de estágio profissional ou intercâmbio profissional;

IX – exercício de cargo, função ou atribuição que exija, em razão da legislação brasileira, a residência por prazo indeterminado;

X – realização de atividade como correspondente de jornal, revista, rádio, televisão ou agência noticiosa estrangeira; ou

XI – realização de auditoria ou consultoria com prazo de estada superior a noventa dias.

§ 3º. O visto temporário de que trata o *caput* não será exigido do marítimo que ingressar no País em viagem de longo curso ou em cruzeiros marítimos pela costa brasileira, desde que apresente carteira internacional de marítimo emitida nos termos de Convenção da Organização Internacional do Trabalho.

§ 4º. Para a aplicação do disposto no inciso VII do § 2º, consideram-se embarcações ou plataformas estrangeiras, entre outras, aquelas utilizadas em navegação de apoio marítimo, de exploração ou prospecção, navegação de cabotagem, levantamento geofísico, dragas e embarcações de pesca.

§ 5º. Será dispensada a oferta de trabalho de que trata o *caput* e considerada a comprovação de titulação em curso de ensino superior ou equivalente, na hipótese de capacidades profissionais estratégicas para o País, conforme disposto em ato conjunto dos Ministros de Estado da Justiça e Segurança Pública, das Relações Exteriores e do Trabalho, consultado o Conselho Nacional de Imigração.

§ 6º. Para fins de atração de mão de obra em áreas estratégicas para o desenvolvimento nacional ou com déficit de competências profissionais para o País, ato conjunto dos Ministros de Estado da Justiça e Segurança Pública, das Relações Exteriores e do Trabalho, consultado o Conselho Nacional de Imigração, estabelecerá condições simplificadas para a concessão de visto temporário para fins de trabalho.

§ 7º. A possibilidade de modificação do local de exercício de atividade laboral, na mesma empresa ou no mesmo grupo econômico, será reconhecida ao imigrante a quem tenha sido concedido o visto temporário para trabalho, por meio de comunicação ao Ministério do Trabalho.

§ 8º. A concessão do visto temporário para a finalidade trabalho observará os requisitos, as condições, os prazos e os procedimentos estabelecidos em resolução do Conselho Nacional de Imigração.

§ 9º. Para fins da concessão do visto de que trata o *caput*, será solicitada, junto ao Ministério do Trabalho, autorização de residência prévia à emissão do visto, ressalvadas as hipóteses definidas em resolução do Conselho Nacional de Imigração.

§ 10. A concessão da autorização de residência de que trata o § 9º não implicará a emissão automática do visto temporário de que trata o *caput*.

Art. 39. O visto temporário para férias-trabalho poderá ser concedido ao imigrante maior de dezesseis anos que seja nacional de país que conceda benefício idêntico ao nacional brasileiro, em termos definidos pelo Ministério das Relações Exteriores por meio de comunicação diplomática.

§ 1º. O titular do visto mencionado no *caput* poderá permanecer no País para fins primordialmente de turismo, permitida a realização de atividade remunerada, em conformidade com o ordenamento jurídico brasileiro, a título de complementação de renda.

§ 2º. O prazo de validade do visto mencionado no *caput* e o número de imigrantes que poderá pleitear esse visto serão definidos por meio de comunicação diplomática e observarão a reciprocidade de tratamento.

§ 3º. A transformação do visto temporário para férias-trabalho observará a reciprocidade de tratamento estabelecida por meio de comunicação diplomática.

Art. 40. O visto temporário para prática de atividades religiosas poderá ser concedido a:

I – ministro de confissão religiosa;

II – membro de instituto de vida consagrada ou confessional; ou

III – membro de ordem religiosa.

Parágrafo único. A concessão do visto temporário para prática de atividades religiosas observará os requisitos, as condições, os prazo e os procedimentos estabelecidos em resolução do Conselho Nacional de Imigração.

Art. 41. O visto temporário para prestação de serviço voluntário junto a entidade de direito público ou privado sem fins lucrativos, ou a organização vinculada a governo estrangeiro, poderá ser concedido desde que não haja vínculo empregatício nem remuneração de qualquer espécie.

Parágrafo único. A concessão do visto temporário para prática de serviço voluntário observará os requisitos, as condições, os prazos e os procedimentos estabelecidos em resolução do Conselho Nacional de Imigração.

Art. 42. O visto temporário poderá ser concedido ao imigrante pessoa física que pretenda, com recursos próprios de origem externa, realizar investimento em pessoa jurídica no País, em projeto com potencial para geração de empregos ou de renda no País.

§ 1º. Entende-se por investimento em pessoa jurídica no País:

I – investimento de origem externa em empresa brasileira, conforme regulamentação do Banco Central do Brasil;

II – constituição de sociedade simples ou empresária; e

III – outras hipóteses previstas nas políticas de atração de investimentos externos.

§ 2º. A concessão do visto temporário de que trata este artigo observará os requisitos, as condições, os prazos e os procedimentos estabelecidos em resolução do Conselho Nacional de Imigração.

§ 3º. Para fins da concessão do visto de que trata o *caput*, será solicitada, junto ao Ministério do Trabalho, autorização de residência prévia à emissão do visto, ressalvadas as hipóteses definidas em resolução do Conselho Nacional de Imigração.

§ 4º. A concessão da autorização de residência de que trata o § 3º não implicará a emissão automática do visto temporário de que trata o *caput*.

Art. 43. O visto temporário poderá ser concedido ao imigrante administrador, gerente, diretor ou executivo com poderes de gestão, que venha ao País para representar sociedade civil ou comercial, grupo ou conglomerado econômico que realize investimento externo em empresa estabelecida no País, com potencial para geração de empregos ou de renda no País.

§ 1º. A concessão do visto temporário de que trata o *caput* ao imigrante ficará condicionada ao exercício da função que lhe for designada em contrato ou em ata devidamente registrada no órgão competente.

§ 2º. A concessão do visto temporário de que trata este artigo observará os requisitos, as condições, os prazos e os procedimentos estabelecidos em resolução do Conselho Nacional de Imigração.

§ 3º. Para fins da concessão do visto de que trata o *caput*, será solicitada, junto ao Ministério do Trabalho, autorização de residência prévia à emissão do visto, ressalvadas as hipóteses definidas em resolução do Conselho Nacional de Imigração.

§ 4º. A concessão da autorização de residência de que trata o § 3º não implicará a emissão automática do visto temporário de que trata o *caput*.

Art. 44. O visto temporário para a realização de atividade com relevância econômica, social, científica, tecnológica ou cultural poderá ser concedido nas hipóteses e nas condições definidas em ato conjunto dos Ministros de Estado da Justiça e Segurança Pública, das Relações Exteriores e do Trabalho, consultado o Conselho Nacional de Imigração.

Art. 45. O visto temporário para fins de reunião familiar será concedido ao imigrante:

I – cônjuge ou companheiro, sem discriminação alguma, nos termos do ordenamento jurídico brasileiro;

II – filho de brasileiro ou de imigrante beneficiário de autorização de residência;

III – que tenha filho brasileiro;

IV – que tenha filho imigrante beneficiário de autorização de residência;

V – ascendente até o segundo grau de brasileiro ou de imigrante beneficiário de autorização de residência;

VI – descendente até o segundo grau de brasileiro ou de imigrante beneficiário de autorização de residência;

VII – irmão de brasileiro ou de imigrante beneficiário de autorização de residência; ou

VIII – que tenha brasileiro sob a sua tutela, curatela ou guarda.

§ 1º. Ato do Ministro de Estado das Relações Exteriores poderá dispor sobre a necessidade de entrevista presencial e de apresentação de documentação adicional para comprovação, quando necessário, do vínculo familiar.

§ 2º. Ato conjunto dos Ministros de Estado da Justiça e Segurança Pública e das Relações Exteriores estabelecerá outras hipóteses de parentesco para fins de concessão do visto de que trata o *caput*, além dos requisitos, dos prazos, das condições e dos procedimentos.

§ 3º. O titular do visto mencionado no *caput* poderá exercer qualquer atividade no País, inclusive remunerada, em igualdade de condições com o nacional brasileiro, nos termos da lei.

§ 4º. A solicitação de visto temporário para fins de reunião familiar poderá ocorrer concomitantemente à solicitação do visto temporário do familiar chamante.

§ 5º. O visto mencionado no *caput* não poderá ser concedido quando o chamante for beneficiário de visto ou autorização de residência por reunião familiar ou de autorização provisória de residência.

Art. 46. O visto temporário para atividades artísticas ou desportivas poderá ser concedido ao imigrante que venha ao País para participar de exposições, espetáculos, apresentações artísticas, encontros de artistas, competições desportivas e outras atividades congêneres, com intenção de permanecer no País por período superior a noventa dias, com contrato por prazo determinado, sem vínculo empregatício com pessoa física ou jurídica sediada no País.

§ 1º. O visto temporário concedido para atividades artísticas e desportivas abrange, também, os técnicos em espetáculos de diversões e demais profissionais que, em caráter auxiliar, participem da atividade do artista ou desportista.

§ 2º. A concessão do visto temporário para atividades artísticas ou desportivas para maiores de quatorze anos e menores de dezoito anos que vierem ao País para realizar treinamento em centro cultural ou entidade desportiva será definida em resolução do Conselho Nacional de Imigração, hipótese em que a renovação do visto ficará condicionada à comprovação de matrícula e ao aproveitamento escolar.

§ 3º. O imigrante que se encontre no País sob o amparo do visto temporário de que trata o *caput* somente poderá exercer atividades remuneradas no País de caráter artístico ou desportivo.

§ 4º. A concessão do visto temporário para atividades artísticas ou desportivas observará os requisitos, as condições, os prazo e os procedimentos estabelecidos em resolução do Conselho Nacional de Imigração.

§ 5º. Para fins da concessão do visto de que trata o *caput*, será solicitada, junto ao Ministério do Trabalho, autorização de residência prévia à emissão do visto, ressalvadas as hipóteses definidas em resolução do Conselho Nacional de Imigração.

§ 6º. A concessão da autorização de residência de que trata o § 5º não implicará a emissão automática do visto temporário de que trata o *caput*.

Art. 47. O visto temporário poderá ser concedido ao imigrante beneficiário de tratado em matéria de vistos.

Parágrafo único. Para a concessão do visto mencionado no *caput*, será observado o disposto no tratado bilateral ou multilateral que regulamente o assunto e, subsidiariamente, o disposto neste Decreto, no que couber.

Art. 48. O visto temporário poderá ser concedido, para atender a interesses da política migratória nacional, em outras hipóteses definidas em ato conjunto dos Ministros de Estado da Justiça e Segurança Pública, das Relações Exteriores e do Trabalho.

Art. 49. Além dos documentos a que se refere o art. 10, *caput*, incisos I, II, III e IV, poderão ser exigidos para a concessão de vistos temporários:

I – comprovante de meio de transporte de entrada no território nacional;

II – comprovante de meio de transporte de saída do território nacional, quando cabível;

III – comprovação de meios de subsistência compatíveis com o prazo e com o objetivo da viagem pretendida;

IV – documentação que ateste a natureza das atividades que serão desenvolvidas no País, de acordo com o tipo de visto, conforme definido em atos específicos;

V – atestado de antecedentes criminais expedido pelo país de origem, ou, a critério da autoridade consular, atendidas às peculiaridades do país onde o visto foi solicitado, documento equivalente.

Parágrafo único. Para confirmação do objetivo da viagem, documentos adicionais e entrevista presencial dos imigrantes poderão ser requeridos.

Art. 50. Os vistos temporários poderão ser transformados em autorização de residência ou em visto diplomático, oficial ou de cortesia, no território nacional, desde que o imigrante preencha os requisitos estabelecidos neste Decreto.

Seção IV

Dos vistos diplomático, oficial e de cortesia

Art. 51. Os vistos diplomático, oficial e de cortesia serão concedidos, prorrogados ou dispensados em ato do Ministro de Estado das Relações Exteriores.

Parágrafo único. O ato de que trata o *caput* definirá as regras de concessão, prorrogação e dispensa, observados os tratados de que o País seja parte.

Art. 52. Os vistos diplomático e oficial poderão ser transformados em autorização de residência, desde que atendidos os requisitos para a obtenção da autorização de residência e importará cessação de todas as prerrogativas, os privilégios e as imunidades decorrentes do visto.

Parágrafo único. Excepcionalmente, nas hipóteses previstas no *caput*, o cumprimento dos requisitos para a obtenção da autorização de residência poderá ser dispensado, mediante recomendação do Ministério das Relações Exteriores, observadas as hipóteses de denegação de autorização de residência com fundamento nos incisos I, II, III, IV e IX do *caput* do art. 171.

Art. 53. Os vistos diplomático e oficial poderão ser concedidos a autoridades e funcionários estrangeiros que viajem ao País em missão oficial de caráter transitório ou permanente e representem Estado estrangeiro ou organismo internacional reconhecido.

§ 1º. O disposto na legislação trabalhista brasileira não se aplica ao titulares dos vistos de que trata o *caput*.

§ 2º. Os vistos diplomático e oficial poderão ser estendidos aos dependentes das autoridades mencionadas no *caput*, conforme o disposto em ato do Ministro de Estado das Relações Exteriores.

Art. 54. O titular de visto diplomático ou oficial somente poderá ser remunerado por Estado estrangeiro ou organismo internacional, ressalvado o disposto no art. 55 ou em tratado que contenha cláusula específica sobre o assunto.

Parágrafo único. Na hipótese de tratado com cláusula específica, os termos do referido tratado prevalecerão sobre o disposto no art. 55.

Art. 55. O dependente de titular de visto diplomático ou oficial poderá exercer atividade remunerada no País, observada a legislação trabalhista brasileira, desde que haja reciprocidade de tratamento em relação ao nacional brasileiro.

§ 1º. O dependente de funcionário estrangeiro acreditado no País, observado o tratado de dispensa de visto, receberá o mesmo tratamento conferido ao dependente de titular de visto diplomático ou oficial.

§ 2º. Na hipótese de o titular de visto diplomático estar em missão oficial a serviço de Estado estrangeiro, a reciprocidade de tratamento ao nacional brasileiro em situação análoga naquele Estado deverá ser assegurada por meio de comunicação diplomática.

§ 3º. Na hipótese de o titular de visto diplomático ser funcionário de organização internacional, a exigência de reciprocidade de tratamento será considerada atendida se houver tratamento equivalente para o nacional brasileiro no país em que a referida organização estiver sediada.

§ 4º. Se houver a necessidade em assegurar reciprocidade de tratamento junto a Estado estrangeiro, a critério do Ministério das Relações Exteriores, a comunicação diplomática poderá ser efetuada por meio de troca de notas que permita o exercício de atividade remunerada de dependentes estrangeiros no País e de dependentes brasileiros no exterior, desde que observados o disposto na Lei nº 13.445, de 2017, e neste Decreto.

Art. 56. A autorização para exercício de atividade remunerada no País será concedida por meio de solicitação específica, que será encaminhada por via diplomática ao Ministério das Relações Exteriores, e dependerá da aprovação do Ministério do Trabalho, observado o seguinte:

I – o dependente autorizado a exercer atividade remunerada iniciadas não gozará de imunidade de jurisdição civil ou administrativa por atos diretamente relacionados com o desempenho da atividade, o dependente não gozará de imunidade de jurisdição civil ou administrativa no território nacional;

II – a autorização para exercer atividade remunerada terminará quando o beneficiário deixar de atender a condição de dependente ou na data de partida definitiva do titular do território nacional, após o término de suas funções;

III – a legislação nacional será observada quanto aos cargos ou às funções privativos de nacionais brasileiros;

IV – o reconhecimento de diplomas e títulos obtidos no exterior, quando necessário ao exercício do cargo ou da função, dependerá da observância das normas e dos procedimentos aplicáveis a nacionais brasileiros ou estrangeiros residentes;

V – na hipótese de profissões regulamentadas, serão atendidas as mesmas exigências aplicáveis a nacionais brasileiros ou estrangeiros residentes; e

VI – os dependentes estarão sujeitos à legislação trabalhista, previdenciária e tributária brasileira em relação à atividade exercida e recolherão os tributos e os encargos decorrentes do exercício dessa atividade.

Art. 57. O visto de cortesia poderá ser concedido:

I – às personalidades e às autoridades estrangeiras em viagem não oficial ao País;

II – aos companheiros, aos dependentes e aos familiares em linha direta que não sejam beneficiários do visto de que trata o § 2º do art. 53;

III – aos empregados particulares de beneficiário de visto diplomático, oficial ou de cortesia;

IV – aos trabalhadores domésticos de missão estrangeira sediada no País;

V – aos artistas e aos desportistas estrangeiros que venham ao País para evento gratuito, de caráter eminentemente cultural, sem percepção de honorários no território brasileiro, sob requisição formal de missão diplomática estrangeira ou de organização internacional de que o País seja parte;

VI – excepcionalmente, a critério do Ministério das Relações Exteriores, a outras pessoas não elencadas nas demais hipóteses previstas neste artigo.

§ 1º. O empregado particular ou o trabalhador doméstico titular de visto de cortesia somente poderá exercer atividade remunerada para o empregador a que esteja vinculado, sob o amparo da legislação trabalhista brasileira, nos termos estabelecidos em ato do Ministro de Estado das Relações Exteriores.

§ 2º. O empregador de portador de visto de cortesia será responsável pela saída de seu empregado particular ou de seu trabalhador doméstico do território nacional, no prazo de trinta dias, contado da data em que o vínculo empregatício cessar.

Capítulo III
DO REGISTRO E DA IDENTIFICAÇÃO CIVIL DO IMIGRANTE E DOS DETENTORES DE VISTOS DIPLOMÁTICO, OFICIAL E DE CORTESIA

Seção I
Disposições gerais

Art. 58. Compete à Polícia Federal:

I – organizar, manter e gerir os processos de identificação civil do imigrante;

II – produzir a Carteira de Registro Nacional Migratório; e

III – administrar a base de dados relativa ao Registro Nacional Migratório.

Art. 59. Compete ao Ministério das Relações Exteriores:

I – organizar, manter e gerir os processos de identificação civil dos detentores de vistos diplomático, oficial e de cortesia;

II – produzir o documento de identidade dos detentores de vistos diplomático, oficial e de cortesia; e

III – administrar a base cadastral dos detentores de vistos diplomático, oficial e de cortesia.

Art. 60. O Ministério das Relações Exteriores e a Polícia Federal integrarão, em meio eletrônico, as suas bases de dados relacionadas ao registro de estrangeiros.

Art. 61. O pedido de registro é individual.

Parágrafo único: Na hipótese de pessoa incapaz, o pedido será feito por representante ou assistente legal.

Seção II
Do registro e da identificação civil do imigrante detentor de visto temporário ou de autorização de residência

Art. 62. O registro consiste na inserção de dados em sistema próprio da Polícia Federal, mediante a identificação civil por dados biográficos e biométricos.

§ 1º. O registro de que trata o *caput* será obrigatório a todo imigrante detentor de visto temporário ou de autorização de residência.

§ 2º. A inserção de que trata o *caput* gerará número único de Registro Nacional Migratório, que garantirá ao imigrante o pleno exercício dos atos da vida civil.

Art. 63. A Carteira de Registro Nacional Migratório será fornecida ao imigrante registrado, da qual constará o número único de Registro Nacional Migratório.

§ 1º. Não expedida a Carteira de Registro Nacional Migratório, o imigrante registrado apresentará o protocolo recebido, quando de sua solicitação, acompanhado do documento de viagem ou de outro documento de identificação estabelecido em ato do Ministro de Estado do Ministério da Justiça e Segurança Pública, e terá garantido os direitos previstos na Lei nº 13.445, de 2017, pelo prazo de até cento e oitenta dias, prorrogável pela Polícia Federal, sem ônus para o solicitante.

§ 2º. A Carteira de Registro Nacional Migratório poderá ser expedida em meio eletrônico, nos termos estabelecidos em ato da Polícia Federal, sem prejuízo da emissão do documento em suporte físico.

Art. 64. O imigrante de visto temporário que tenha ingressado no País deverá proceder à solicitação de registro no prazo de noventa dias, contado da data de ingresso no País, sob pena de aplicação da sanção prevista no inciso III do *caput* do art. 307.

§ 1º. Na hipótese de empregado doméstico, o registro deverá ocorrer no prazo de trinta dias, contado da data de ingresso no País, com a comprovação da anotação na Carteira de Trabalho e Previdência Social e do registro na Escrituração Digital das Obrigações Fiscais, Previdenciárias e Trabalhistas – e-Social.

§ 2º. Na hipótese de não comprovação da anotação na Carteira de Trabalho e Previdência Social e do registro no e-Social no prazo de que trata o § 1º, a Polícia Federal realizará o registro do imigrante e comunicará o Ministério do Trabalho.

Art. 65. O documento de viagem do imigrante com visto temporário válido é apto para comprovar a sua identidade e demonstrar a regularidade de sua estada no País enquanto não houver expirado o prazo para o registro, independentemente da expedição da Carteira de Registro Nacional Migratório.

Art. 66. O imigrante a quem tenha sido deferido, no País, o pedido de autorização de residência deverá proceder à solicitação de registro no prazo de trinta dias, contado da data da publicação do deferimento do referido pedido, sob pena de aplicação da sanção prevista no inciso IV do *caput* do art. 307.

Parágrafo único. A publicação a que se refere o *caput* será feita preferencialmente por meio eletrônico.

Art. 67. O registro deverá ser solicitado:

I – em qualquer unidade da Polícia Federal em que haja atendimento a imigrantes, para detentor de visto temporário ou com autorização de residência deferida na condição de marítimo;

II – na unidade da Polícia Federal em que haja atendimento a imigrantes da circunscrição onde esteja domiciliado o requerente com autorização de residência deferida no País com fundamento em outra hipótese que não a de trabalho como marítimo; ou

III – na unidade da Polícia Federal em que haja atendimento a imigrantes do Município onde o residente fronteiriço pretenda exercer os direitos a ele atribuídos pela Lei nº 13.445, de 2017.

§ 1º. Observado o disposto na Lei nº 10.048, de 8 de novembro de 2000, poderão solicitar registro na unidade da Polícia Federal mais próxima ao seu domicílio:

I – as pessoas com deficiência;

II – os idosos com idade igual ou superior a sessenta anos;

III – as gestantes;

IV – as lactantes;

V – as pessoas com criança de colo; e

VI – os obesos.

§ 2º. A Polícia Federal poderá, por meio de requerimento e decisão fundamentada, em casos excepcionais, permitir o registro do imigrante em unidades diferentes daquelas estabelecidas no *caput*.

Art. 68. O registro de dados biográficos do imigrante ocorrerá por meio da apresentação do documento de viagem ou de outro documento de identificação aceito nos termos estabelecidos em ato do Ministro de Estado da Justiça e Segurança Pública.

§ 1º. Na hipótese de a documentação apresentar contradições ou não conter dados de filiação, o imigrante deverá apresentar:

I – certidão de nascimento;

II – certidão de casamento;

III – certidão consular do país de nacionalidade; ou

IV – justificação judicial.

§ 2º. O registro e a identificação civil das pessoas que tiveram a condição de refugiado ou de apátrida reconhecida, daquelas a quem foi concedido asilo ou daquelas beneficiadas com acolhida humanitária poderão ser realizados com a apresentação dos documentos de que o imigrante dispuser.

§ 3º. A apresentação da documentação mencionada nos § 1º e § 2º deverá respeitar as regras de legalização e tradução, inclusive aquelas constantes de tratados de que o País seja parte.

§ 4º. Ato do Ministro de Estado da Justiça e Segurança Pública poderá estabelecer os requisitos necessários ao registro referido no § 2º e à dispensa de legalização e tradução, nos termos da lei e dos tratados firmados pelo País.

Art. 69. Para fins de registro, o nome e a nacionalidade do imigrante serão aqueles constantes da documentação apresentada, preferencialmente, o documento de viagem.

§ 1º. Se o documento de identificação apresentado consignar o nome de forma abreviada, o imigrante deverá comprovar a sua grafia por extenso com outro documento hábil.

§ 2º. Se a nacionalidade houver sido consignada por organismo internacional ou por autoridade de terceiro país, somente será anotada no registro se confirmada por meio da apresentação de documento hábil ou por autoridade diplomática ou consular competente.

§ 3º. Se a documentação apresentada omitir a nacionalidade do titular, o imigrante será registrado:

I – como apátrida, em caso de ausência de nacionalidade; ou

II – como de nacionalidade indefinida, caso ela não possa ser comprovada na forma estabelecida no § 2º.

§ 4º. O imigrante poderá requerer, a qualquer tempo, a inclusão de seu nome social nos bancos de dados da administração pública, acompanhado do nome civil.

Art. 70. No ato de registro, o imigrante deverá fornecer os seus dados relativos ao seu endereço físico e, se possuir, ao seu endereço de correio eletrônico.

Parágrafo único. Caberá ao imigrante manter os dados a que se refere o *caput* atualizados.

Art. 71. Ressalvados o nome, a nacionalidade, a filiação e a data de nascimento, os demais dados biográficos não constantes dos documentos apresentados serão atestados por meio de declaração do próprio imigrante, que, na hipótese de declaração falsa, ficará sujeito às sanções administrativas, civis e penais aplicáveis.

Art. 72. O imigrante terá o ônus de instruir adequadamente o pedido de registro e de prestar eventuais informações complementares que lhe forem solicitadas por meio de notificação.

§ 1º. A notificação de que trata o *caput* será feita, preferencialmente, por meio eletrônico.

§ 2º. Caberá ao imigrante, durante a tramitação do seu pedido de registro, acompanhar o envio de notificações ao seu endereço eletrônico.

§ 3º. A notificação realizada por meio eletrônico será simultaneamente publicada pela Polícia Federal em seu sítio eletrônico.

§ 4º. Na ausência de resposta do imigrante no prazo de trinta dias, contado da data da publicação de que trata o § 3º, o processo de avaliação de seu pedido será extinto, sem prejuízo da utilização, em novo processo, dos documentos que foram apresentados e ainda permaneçam válidos.

Art. 73. Da Carteira de Registro Nacional Migratório constará o prazo de residência do imigrante, conforme estabelecido na autorização de residência obtida.

§ 1º. A data de início da contagem do prazo de residência do imigrante que tenha ingressado sob o amparo de visto temporário será a da primeira entrada no País após a sua concessão.

§ 2º. A data de início da contagem do prazo de residência do imigrante que tenha obtido autorização de residência no País será a de requerimento do registro.

§ 3º. Na hipótese de o imigrante que tenha obtido autorização de residência no Brasil não solicitar o registro no prazo previsto no inciso IV do *caput* do art. 307, a data de início da contagem do prazo de residência se dará após transcorrido o prazo de trinta dias, contado da data da publicação da decisão que deferiu o requerimento de autorização de residência.

§ 4º. Na hipótese de residência temporária, o prazo de vencimento da Carteira de Registro Nacional Migratório coincidirá com o término do prazo da autorização de residência.

Art. 74. A Carteira de Registro Nacional Migratório terá a validade de nove anos, contados a partir da data do registro, quando se tratar de residência por prazo indeterminado.

Parágrafo único. Na hipótese de que trata o *caput*, a validade da Carteira de Registro Nacional Migratório será indeterminada quando o titular:

I – houver completado sessenta anos de idade até a data do vencimento do documento; ou

II – for pessoa com deficiência.

Art. 75. Caberá alteração do Registro Nacional Migratório, por meio de requerimento do imigrante endereçado à Polícia Federal, devidamente instruído com as provas documentais necessárias, nas seguintes hipóteses:

I – casamento;

II – união estável;

III – anulação e nulidade de casamento, divórcio, separação judicial e dissolução de união estável;

IV – aquisição de nacionalidade diversa daquela constante do registro; e

V – perda da nacionalidade constante do registro.

§ 1º. Se a hipótese houver ocorrido em território estrangeiro, a documentação que a comprove deverá respeitar as regras de legalização e tradução, em conformidade com os tratados de que o País seja parte.

§ 2º. Na hipótese de pessoa registrada como refugiada ou beneficiário de proteção ao apátrida, as alterações referentes à nacionalidade serão comunicadas, preferencialmente por meio eletrônico, ao Comitê Nacional para Refugiados e ao Ministério das Relações Exteriores.

Art. 76. Ressalvadas as hipóteses previstas no art. 75, as alterações no registro que comportem modificações do nome do imigrante serão feitas somente após decisão judicial.

Art. 77. Os erros materiais identificados no processamento do registro e na emissão da Carteira de Registro Nacional Migratório serão retificados, de ofício, pela Polícia Federal.

Art. 78. Ato do dirigente máximo da Polícia Federal disporá sobre os procedimentos de registro do detentor de visto temporário ou de autorização de residência e do residente fronteiriço e sobre a sua alteração.

Art. 79. Ato do Ministro de Estado da Justiça e Segurança Pública disporá sobre o processamento concomitante dos requerimentos de registro e de autorização de residência, nos casos de sua competência.

Art. 80. Ato da Polícia Federal disporá sobre a expedição da Carteira de Registro Nacional Migratório.

Parágrafo único. O ato a que se refere o *caput* definirá o modelo a ser adotado para a Carteira de Registro Nacional Migratório.

Art. 81. Os Cartórios de Registro Civil remeterão mensalmente à Polícia Federal, preferencialmente por meio eletrônico, informações acerca dos registros e do óbito de imigrantes.

Seção III
Do registro e da identificação civil dos detentores de vistos diplomático, oficial e de cortesia

Art. 82. O Ministério das Relações Exteriores realizará o registro e expedirá o documento de identidade civil:

I – aos detentores de vistos diplomático, oficial e de cortesia; e

II – aos portadores de passaporte diplomático, oficial ou de serviço que tenham ingressado no País sob o amparo de acordo de dispensa de visto.

§ 1º. O registro a que se refere o *caput* será obrigatório quando a estada do estrangeiro no País for superior ao prazo de noventa dias e deverá ser solicitado nesse mesmo prazo, contado a partir da data de ingresso no País.

§ 2º. O Ministério das Relações Exteriores poderá expedir documento de identidade civil aos estrangeiros que, por reunião familiar, sejam portadores de passaporte diplomático ou oficial brasileiro.

§ 3º. O documento emitido nos termos estabelecidos neste artigo terá validade no território nacional e os seus portadores estarão dispensados da realização de registro junto à Polícia Federal.

§ 4º. Na hipótese de agentes ou funcionários de Estado estrangeiro ou de organismo internacional, o documento emitido nos termos dos incisos I e II do *caput* atestará a sua condição de representante estrangeiro ou funcionário internacional.

§ 5º. O documento emitido nos termos do *caput* conterá informações acerca de eventuais privilégios e imunidades aos quais seus portadores façam jus, nos termos de tratados de que o País seja parte.

Art. 83. Excepcionalmente, o Ministério das Relações Exteriores poderá conceder ao nacional brasileiro, ou ao imigrante residente no País, documento de identificação que ateste a sua condição de agente ou funcionário de Estado estrangeiro ou organismo internacional e eventuais privilégios e imunidades dos quais seja detentor.

Art. 84. Caberá ao Ministério das Relações Exteriores manter registro das datas de início e término dos privilégios e das imunidades aos quais façam jus as pessoas referidas nos art. 82 e art. 83 e de eventuais renúncias apresentadas pelas partes autorizadas a fazê-lo.

Art. 85. Ato do Ministro de Estado das Relações Exteriores disporá sobre os procedimentos de registro dos portadores de vistos diplomático, oficial e de cortesia.

Capítulo IV
DO RESIDENTE FRONTEIRIÇO

Art. 86. Ao residente fronteiriço poderá ser permitida a entrada em Município fronteiriço brasileiro por meio da apresentação do documento de viagem válido ou da carteira de identidade expedida por órgão oficial de identificação do país de sua nacionalidade.

Art. 87. Para facilitar a sua livre circulação, a autorização para a realização de atos da vida civil poderá ser concedida ao residente fronteiriço, por meio de requerimento dirigido à Polícia Federal.

Parágrafo único. O residente fronteiriço poderá optar por regime mais benéfico previsto em tratado de que o País seja parte.

Art. 88. A autorização referida no *caput* do art. 87 indicará o Município fronteiriço no qual o residente estará autorizado a exercer os direitos a ele atribuídos pela Lei nº 13.445, de 2017.

§ 1º. O residente fronteiriço detentor da autorização de que trata o *caput* gozará das garantias e dos direitos assegurados pelo regime geral de migração da Lei nº 13.445, de 2017, observado o disposto neste Decreto.

§ 2º. O espaço geográfico de abrangência e de validade da autorização será especificado na Carteira de Registro Nacional Migratório.

Art. 89. O residente fronteiriço que pretenda realizar atos da vida civil em Município fronteiriço, inclusive atividade laboral e estudo, será registrado pela Polícia Federal e receberá a Carteira de Registro Nacional Migratório, que o identificará e caracterizará a sua condição.

Parágrafo único. O registro será feito por meio de requerimento instruído com:

I – documento de viagem ou carteira de identidade expedida por órgão oficial de identificação do país de nacionalidade do imigrante;

II – prova de residência habitual em Município fronteiriço de país vizinho;

III – certidões de antecedentes criminais ou documento equivalente emitido pela autoridade judicial competente de onde tenha residido nos últimos cinco anos;

IV – declaração, sob as penas da lei, de ausência de antecedentes criminais em qualquer país nos últimos cinco anos; e

V – recolhimento da taxa de expedição de carteira de estrangeiro fronteiriço, de que trata o inciso V do *caput* do art. 2º da Lei Complementar nº 89, de 18 de fevereiro de 1997.

Art. 90. A autorização para a realização de atos da vida civil ao residente fronteiriço poderá ser concedida pelo prazo de cinco anos, prorrogável por igual período, por meio de requerimento, ao final do qual a autorização por tempo indeterminado poderá ser concedida.

Art. 91. A autorização para a realização de atos da vida civil ao residente fronteiriço não será concedida nas hipóteses previstas no art. 132 ou quando se enquadrar em, no mínimo, uma das hipóteses de impedimento de ingresso definidos no art. 171.

Art. 92. O documento de residente fronteiriço será cancelado, a qualquer tempo, se o titular:

I – houver fraudado documento ou utilizado documento falso para obtê-lo;

II – obtiver outra condição migratória;

III – sofrer condenação penal transitada em julgado, no País ou no exterior, desde que a conduta esteja tipificada na legislação penal brasileira, excetuadas as infrações de menor potencial ofensivo; ou

IV – exercer direito fora dos limites previstos na autorização a ele concedida.

Art. 93. O residente fronteiriço poderá requerer a expedição de Carteira de Trabalho e Previdência Social e a inscrição no Cadastro de Pessoas Físicas.

Parágrafo único. O Ministério do Trabalho, ao fornecer a Carteira de Trabalho e Previdência Social ao residente fronteiriço, registrará nela a restrição de sua validade ao Município para o qual o imigrante tenha sido autorizado pela Polícia Federal a exercer os direitos a ele atribuídos pela Lei nº 13.445, de 2017.

Art. 94. A autorização de que trata o art. 87 e a Carteira de Registro Nacional Migratório não conferem ao residente fronteiriço o direito de residência no País, observado o disposto no Capítulo VIII, nem autorizam o afastamento do limite territorial do Município objeto da autorização.

Capítulo V
DA PROTEÇÃO DO APÁTRIDA E DA REDUÇÃO DA APATRIDIA

Art. 95. A apatridia será reconhecida à pessoa que não seja considerada como nacional por nenhum Estado, segundo a sua legislação, nos termos da Convenção sobre o Estatuto dos Apátridas, de 1954, promulgada pelo Decreto nº 4.246, de 2002.

Art. 96. O processo de reconhecimento da condição de apátrida tem como objetivo verificar se o solicitante é considerado nacional pela legislação de algum Estado e poderá considerar informações, documentos e declarações prestadas pelo próprio solicitante e por órgãos e organismos nacionais e internacionais.

§ 1º. Durante a tramitação do processo de reconhecimento da condição de apátrida, incidirão as garantias e os mecanismos protetivos e de facilitação da inclusão social relativos à:

I – Convenção sobre o Estatuto dos Apátridas, de 1954, promulgada pelo Decreto nº 4.246, de 2002;

II – Convenção Relativa ao Estatuto dos Refugiados, promulgada pelo Decreto nº 50.215, de 28 de janeiro de 1961; e

III – Lei nº 9.474, de 1997.

§ 2º. O processo de reconhecimento da condição de apátrida será iniciado por meio da solicitação do interessado apresentada ao

Ministério da Justiça e Segurança Pública ou às unidades da Polícia Federal.

§ 3º. A solicitação de reconhecimento da condição de apátrida será instruída com cópias dos documentos de que o solicitante dispuser, sem prejuízo de diligências realizadas perante órgãos e instituições nacionais ou internacionais a fim de comprovar as alegações.

§ 4º. O solicitante de reconhecimento da condição de apátrida fará jus à autorização provisória de residência, demonstrada por meio de protocolo, até a obtenção de resposta ao seu pedido.

§ 5º. O protocolo de que trata o § 4º permitirá o gozo de direitos no País, dentre os quais:

I – a expedição de carteira de trabalho provisória;

II – a inclusão no Cadastro de Pessoa Física; e

III – a abertura de conta bancária em instituição financeira supervisionada pelo Banco Central do Brasil.

§ 6º. Na hipótese de verificação de incidência de uma ou mais circunstâncias denegatórias do reconhecimento da condição de apátrida, o Comitê Nacional para Refugiados deverá se manifestar.

§ 7º. Após manifestação pelo Comitê Nacional para Refugiados, caberá ao Ministro de Estado da Justiça e Segurança Pública, em decisão fundamentada, o reconhecimento ou não da condição de apátrida, a qual será publicada no Diário Oficial da União e comunicada ao solicitante, preferencialmente por meio eletrônico.

§ 8º. O procedimento de reconhecimento de apatridia será estabelecido em ato do Ministro de Estado da Justiça e Segurança Pública, consultado o Comitê Nacional para Refugiados.

Art. 97. O ingresso irregular no território nacional não constitui impedimento para a solicitação de reconhecimento da condição de apátrida e para a aplicação dos mecanismos de proteção da pessoa apátrida e de redução da apatridia, hipótese em que não incidirá o disposto no art. 307, desde que, ao final do procedimento, a condição de apátrida seja reconhecida.

Art. 98. O solicitante poderá, no próprio pedido, manifestar o seu interesse em obter a nacionalidade brasileira, caso a sua condição de apátrida seja reconhecida.

Parágrafo único. Se o solicitante não houver manifestado interesse conforme previsto no *caput*, caso a sua condição de apátrida seja reconhecida, o Ministério da Justiça e Segurança Pública fará consulta sobre o seu desejo de adquirir a nacionalidade brasileira por meio da naturalização.

Art. 99. Reconhecida a condição de apátrida, na hipótese de o beneficiário optar pela naturalização, o Ministério da Justiça e Segurança Pública publicará, no prazo de trinta dias, ato de instauração de processo simplificado de naturalização com os atos necessários à sua efetivação.

Parágrafo único. O solicitante de naturalização deverá comprovar residência no território nacional pelo prazo mínimo de dois anos, observadas as demais condições previstas no art. 65 da Lei nº 13.445, de 2017.

Art. 100. O apátrida reconhecido que não opte imediatamente pela naturalização terá a autorização de residência concedida por prazo indeterminado.

Parágrafo único. Na hipótese prevista no *caput*, reconhecida a condição de apátrida, o solicitante deverá comparecer a unidade da Polícia Federal para fins de registro.

Art. 101. Caberá recurso da decisão negativa de reconhecimento da condição de apátrida, no prazo de dez dias, contado da data da notificação pessoal do solicitante, preferencialmente, por meio eletrônico.

§ 1º. Durante a tramitação do recurso, a estada no território nacional será permitida ao solicitante.

§ 2º. A pessoa cujo reconhecimento da condição de apátrida tenha sido denegado não será devolvida a país onde sua vida, sua integridade pessoal ou sua liberdade estejam em risco.

Art. 102. Os direitos atribuídos ao migrante relacionados no art. 4º da Lei nº 13.445, de 2017, aplicam-se ao apátrida residente.

Art. 103. O reconhecimento da condição de apátrida assegurará os direitos e as garantias previstos na Convenção sobre o Estatuto dos Apátridas, de 1954, promulgada pelo Decreto nº 4.246, de 2002, além de outros direitos e garantias reconhecidos pelo País.

Art. 104. O direito de reunião familiar será reconhecido a partir do reconhecimento da condição de apátrida.

Parágrafo único. A autorização provisória de residência concedida ao solicitante de reconhecimento da condição de apátrida será estendida aos familiares a que se refere o art. 153, desde que se encontrem no território nacional.

Art. 105. No exercício de seus direitos e deveres, a condição atípica do apátrida será considerada pelos órgãos da administração pública federal quando da necessidade de apresentação de documentos emitidos por seu país de origem ou por sua representação diplomática ou consular.

Art. 106. As seguintes hipóteses implicam perda da proteção do apátrida conferida pela Lei nº 13.445, de 2017:

I – a renúncia à proteção conferida pelo País;

II – a prova da falsidade dos fundamentos invocados para o reconhecimento da condição de apátrida; ou

III – a existência de fatos que, se fossem conhecidos por ocasião do reconhecimento, teriam ensejado decisão negativa.

Parágrafo único. A perda da proteção do apátrida prevista no *caput* será declarada pelo Ministério da Justiça e Segurança Pública, após manifestação do Comitê Nacional para Refugiados, e publicada no Diário Oficial da União.

Art. 107. A condição de apátrida será cessada com:

I – a naturalização no País do beneficiário da proteção;

II – o reconhecimento como nacional por outro Estado; ou

III – a aquisição de nacionalidade diversa da brasileira.

§ 1º. A cessação da condição de apátrida implicará perda da proteção conferida pela Lei nº 13.445, de 2017.

§ 2º. A autorização de residência concedida anteriormente ao solicitante ou ao beneficiário de proteção ao apátrida que se enquadre nas hipóteses de cessação da condição de apátrida previstas nos incisos II e III do *caput* permanecerá válida pelo prazo de noventa dias.

§ 3º. A cessação da condição de apátrida nas hipóteses previstas nos incisos II e III do *caput* não impedirá a solicitação de nova autorização de residência, observado o disposto no Capítulo VIII.

Capítulo VI
DO ASILO POLÍTICO

Art. 108. O asilo político, que constitui ato discricionário do Estado, poderá ser diplomático ou territorial e será concedido como instrumento de proteção à pessoa que se encontre perseguida em um Estado por suas crenças, opiniões e filiação política ou por atos que possam ser considerados delitos políticos.

Parágrafo único. Nos termos do Estatuto de Roma do Tribunal Penal Internacional, de 1998, promulgado pelo Decreto nº 4.388, de 2002, não será concedido asilo a quem tenha cometido:

I – crime de genocídio;

II – crime contra a humanidade;

III – crime de guerra; ou

IV – crime de agressão.

Art. 109. O asilo político poderá ser:

I – diplomático, quando solicitado no exterior em legações, navios de guerra e acampamentos ou aeronaves militares brasileiros; ou

II – territorial, quando solicitado em qualquer ponto do território nacional, perante unidade da Polícia Federal ou representação regional do Ministério das Relações Exteriores.

§ 1º. Considera-se legação a sede de toda missão diplomática ordinária e, quando o número de solicitantes de asilo exceder a capacidade normal dos edifícios, a residência dos chefes de missão e os locais por eles destinados para esse fim.

§ 2º. O pedido de asilo territorial recebido pelas unidades da Polícia Federal será encaminhado ao Ministério das Relações Exteriores.

§ 3º. O ingresso irregular no território nacional não constituirá impedimento para a solicitação de asilo e para a aplicação dos mecanismos de proteção, hipótese em que não incidirá o disposto no art. 307, desde que, ao final do procedimento, a condição de asilado seja reconhecida.

Art. 110. O asilo diplomático consiste na proteção ofertada pelo Estado brasileiro e na condução do asilado estritamente até o território nacional, em consonância com o disposto na Convenção Internacional sobre Asilo Diplomático, promulgada pelo Decreto nº 42.628, de 13 de novembro de 1957.

§ 1º. Compete à autoridade máxima presente no local de solicitação de asilo diplomático zelar pela integridade do solicitante de asilo e estabelecer, em conjunto com a Secretaria de Estado das Relações Exteriores, as condições e as regras para a sua permanência no local de solicitação e os canais de comunicação com o Estado territorial, a fim de solicitar salvo-conduto que permita ao solicitante de asilo acessar o território nacional.

§ 2º. Considera-se Estado territorial aquele em cujo território esteja situado o local de solicitação de asilo diplomático.

§ 3º. A saída não autorizada do local designado pela autoridade de que trata o *caput* implicará a renúncia ao asilo diplomático.

§ 4º. Após a chegada ao território nacional, o beneficiário de asilo diplomático será imediatamente informado sobre a necessidade de registro da sua condição.

Art. 111. O asilo territorial é ato discricionário e observará o disposto na Convenção Internacional sobre Asilo Territorial promulgada pelo Decreto nº 55.929, de 19 de abril de 1965, e os elementos impeditivos constantes da legislação migratória.

Art. 112. Compete ao Presidente da República decidir sobre o pedido de asilo político e sobre a revogação de sua concessão, consultado o Ministro de Estado das Relações Exteriores.

Art. 113. Em nenhuma hipótese, a retirada compulsória decorrente de decisão denegatória de solicitação de asilo político ou revogatória da sua concessão será executada para território onde a vida e a integridade do imigrante possam ser ameaçadas.

Art. 114. O ato de concessão do asilo político disporá sobre as condições e os deveres a serem observados pelo asilado.

Art. 115. O asilado deverá se apresentar à Polícia Federal para fins de registro de sua condição migratória no prazo de trinta dias, contado da data da publicação do ato de concessão do asilo político.

Art. 116. O solicitante de asilo político fará jus à autorização provisória de residência, demonstrada por meio de protocolo, até a obtenção de resposta do seu pedido.

Parágrafo único. O protocolo previsto no *caput* permitirá o gozo de direitos no País, dentre os quais:

I – a expedição de carteira de trabalho provisória;

II – a inclusão no Cadastro de Pessoa Física; e

III – a abertura de conta bancária em instituição financeira supervisionada pelo Banco Central do Brasil.

Art. 117. O direito de reunião familiar será reconhecido a partir da concessão do asilo político.

Parágrafo único. A autorização provisória de residência concedida ao solicitante de asilo político será estendida aos familiares a que se refere o art. 153, desde que se encontrem no território nacional.

Art. 118. A saída do País sem prévia comunicação ao Ministério das Relações Exteriores implicará renúncia ao asilo político.

Parágrafo único. O solicitante de asilo político deverá solicitar autorização prévia ao Ministro das Relações Exteriores para saída do País, sob pena de arquivamento de sua solicitação.

Capítulo VII
DO REFÚGIO

Art. 119. O reconhecimento da condição de refugiado seguirá os critérios estabelecidos na Lei nº 9.474, de 1997.

§ 1º. Durante a tramitação do processo de reconhecimento da condição de refugiado incidirão as garantias e os mecanismos protetivos e de facilitação da inclusão social decorrentes da Convenção relativa ao Estatuto dos Refugiados, de 1951, promulgada pelo Decreto nº 50.215, de 1961, e da Lei nº 13.445, de 2017.

§ 2º. O solicitante de reconhecimento da condição de refugiado fará jus à autorização provisória de residência, demonstrada por meio de protocolo, até a obtenção de resposta ao seu pedido.

§ 3º. O protocolo de que trata § 2º permitirá o gozo de direitos no País, dentre os quais:

I – a expedição de carteira de trabalho provisória;

II – a inclusão no Cadastro de Pessoa Física; e

III – a abertura de conta bancária em instituição financeira supervisionada pelo Banco Central do Brasil.

§ 4º. O reconhecimento de certificados e diplomas, os requisitos para a obtenção da condição de residente e o ingresso em instituições acadêmicas de todos os níveis deverão ser facilitados, considerada a situação desfavorável vivenciada pelos refugiados.

Art. 120. O ingresso irregular no território nacional não constituirá impedimento para a solicitação de reconhecimento da condição de refugiado e para a aplicação dos mecanismos de proteção da pessoa refugiada, hipótese em que não incidirá o disposto no art. 307, desde que, ao final do procedimento, a condição de refugiado seja reconhecida.

Art. 121. No exercício de seus direitos e deveres, a condição atípica do refugiado será considerada pelos órgãos da administração pública federal quando da necessidade de apresentação de documentos emitidos por seu país de origem ou por sua representação diplomática ou consular.

Art. 122. As solicitações de refúgio terão prioridade de avaliação e decisão na hipótese de existir contra o solicitante procedimento do qual possa resultar a aplicação de medida de retirada compulsória.

Capítulo VIII
DA AUTORIZAÇÃO DE RESIDÊNCIA

Seção I
Disposições gerais

Art. 123. O imigrante, o residente fronteiriço e o visitante, por meio de requerimento, poderão solicitar autorização de residência no território nacional.

§ 1º. A autorização de residência poderá ser concedida independentemente da situação migratória, desde que cumpridos os requisitos da modalidade pretendida.

§ 2º. A posse ou a propriedade de bem no País não conferirá o direito de obter autorização de residência no território nacional, sem prejuízo do disposto sobre a autorização de residência para realização de investimento.

Art. 124. O visto de visita ou de cortesia poderá ser transformado em autorização de residência por meio de requerimento.

§ 1º. O requerente comprovará a condição migratória de visitante ou de titular de visto de cortesia e o atendimento aos requisitos exigidos para a concessão de autorização de residência.

§ 2º. A decisão de transformação caberá à autoridade competente para avaliar a hipótese de autorização de residência pretendida.

Art. 125. O visto diplomático ou oficial poderá ser transformado em autorização de residência por meio de requerimento.

§ 1º. O requerente comprovará que a sua condição migratória fundamenta-se na concessão de visto diplomático ou oficial e o atendimento aos requisitos exigidos para a concessão de autorização de residência.

§ 2º. A decisão de transformação caberá à autoridade competente para avaliar a hipótese de autorização de residência pretendida, consultado o Ministério das Relações Exteriores.

§ 3º. A transformação de que trata este artigo importará a cessação das prerrogativas, dos privilégios e das imunidades decorrentes dos vistos anteriores.

§ 4º. Excepcionalmente, nas hipóteses de transformação previstas neste artigo, o cumprimento dos requisitos para a obtenção da autorização de residência poderá ser dispensado, mediante recomendação do Ministério das Relações Exteriores, observadas as hipóteses de denegação de autorização de residência com fundamento nos incisos I, II, III, IV e IX do *caput* do art. 171.

Art. 126. As hipóteses de negativa de concessão e de denegação de autorização de residência aplicam-se ao procedimento de transformação de vistos em autorização de residência.

Art. 127. Os pedidos de autorização de residência serão endereçados ao Ministério da Justiça e Segurança Pública, ressalvadas as hipóteses previstas no § 1º.

§ 1º. Observado o disposto no art. 142, os pedidos de autorização de residência serão endereçados ao Ministério do Trabalho quando fundamentados nas seguintes hipóteses:

I – em pesquisa, ensino ou extensão acadêmica;

II – em trabalho ou oferta de trabalho;

III – na realização de investimento;

IV – na realização de atividade de relevância econômica, social, científica, tecnológica ou cultural;

V – na prática de atividade religiosa; e

VI – no serviço voluntário.

§ 2º. Os pedidos de autorização de residência serão apresentados, preferencialmente, por meio eletrônico.

Art. 128. O pedido de autorização de residência é individual.

Parágrafo único. Na hipótese de pessoa incapaz, o pedido será feito por representante ou assistente legal.

Art. 129. Para instruir o pedido de autorização de residência, o imigrante deverá apresentar, sem prejuízo de outros documentos requeridos em ato do Ministro de Estado competente pelo recebimento da solicitação:

I – requerimento de que conste a identificação, a filiação, a data e o local de nascimento e a indicação de endereço e demais meios de contato;

II – documento de viagem válido ou outro documento que comprove a sua identidade e a sua nacionalidade, nos termos dos tratados de que o País seja parte;

III – documento que comprove a sua filiação, devidamente legalizado e traduzido por tradutor público juramentado, exceto se a informação já constar do documento a que se refere o inciso II;

IV – comprovante de recolhimento das taxas migratórias, quando aplicável;

V – certidões de antecedentes criminais ou documento equivalente emitido pela autoridade judicial competente de onde tenha residido nos últimos cinco anos; e

VI – declaração, sob as penas da lei, de ausência de antecedentes criminais em qualquer país, nos cinco anos anteriores à data da solicitação de autorização de residência.

§ 1º. Para fins de instrução de pedido de nova autorização de residência ou de renovação de prazo de autorização de residência, poderá ser apresentado o documento a que se refere o inciso II do *caput* ou documento emitido por órgão público brasileiro que comprove a identidade do imigrante, mesmo que este tenha data de validade expirada.

§ 2º. A legalização e a tradução de que tratam o inciso III do *caput* poderão ser dispensadas se assim disposto em tratados de que o País seja parte.

§ 3º. A tramitação de pedido de autorização de residência ficará condicionada ao pagamento das multas aplicadas com fundamento no disposto neste Decreto.

Art. 130. Nova autorização de residência temporária poderá ser concedida por meio de requerimento.

§ 1º. O pedido de nova autorização de residência com amparo legal diverso da autorização de residência anterior implicará a renúncia à condição migratória pretérita.

§ 2º. O requerimento de nova autorização de residência, após o vencimento do prazo da autorização anterior, implicará a aplicação da sanção prevista no inciso II do *caput* do art. 307.

Subseção I
Das taxas

Art. 131. As seguintes taxas serão cobradas, em conformidade com a tabela que consta do Anexo:

(*) Vide Anexo, p. 55.

I – pelo processamento e pela avaliação de pedidos de autorização de residência;

II – pela emissão de cédula de identidade de imigrante de que constarão o prazo de autorização de residência e o número do Registro Nacional Migratório; e

III – pela transformação de vistos de visita, diplomático, oficial e de cortesia em autorização de residência.

§ 1º. A cobrança das taxas previstas neste artigo observará o disposto nos acordos internacionais de que o País seja parte.

§ 2º. A taxa prevista no inciso I do *caput* não será cobrada do imigrante portador de visto temporário, desde que a sua residência tenha a mesma finalidade do visto já concedido.

§ 3º. A renovação dos prazos de autorização de residência não ensejará a cobrança da taxa prevista no inciso I do *caput*.

§ 4º. Os valores das taxas de que trata o *caput* poderão ser ajustados pelo órgão competente da administração pública federal, de forma a preservar o interesse nacional ou a assegurar a reciprocidade de tratamento.

Subseção II
Da negativa de concessão, da denegação, da perda e do cancelamento da autorização de residência

Art. 132. A autorização de residência não será concedida à pessoa condenada criminalmente no País ou no exterior por sentença transitada em julgado, desde que a conduta esteja tipificada na legislação penal brasileira, ressalvados as hipóteses em que:

I – a conduta caracterize infração de menor potencial ofensivo;

II – o prazo de cinco anos, após a extinção da pena, tenha transcorrido;

III – o crime a que o imigrante tenha sido condenado no exterior não seja passível de extradição ou a punibilidade segundo a lei brasileira esteja extinta; ou

IV – o pedido de autorização de residência se fundamente em:

a) tratamento de saúde;

b) acolhida humanitária;

c) reunião familiar;

d) tratado em matéria de residência e livre circulação; ou

e) cumprimento de pena no País.

Parágrafo único. O disposto no *caput* não impedirá a progressão de regime de cumprimento de pena, nos termos estabelecidos na Lei nº 7.210, de 11 de julho de 1984 – Lei de Execução Penal, hipótese em que a pessoa ficará autorizada a trabalhar quando assim exigido pelo novo regime de cumprimento de pena.

Art. 133. A autorização de residência poderá ser negada à pessoa:

I – anteriormente expulsa do País, enquanto os efeitos da expulsão vigorarem;

II – nos termos definidos pelo Estatuto de Roma do Tribunal Penal Internacional, de 1998, promulgado pelo Decreto nº 4.388, de 2002, condenada ou respondendo a processo por:

a) crime de genocídio;

b) crime contra a humanidade;

c) crime de guerra; ou

d) crime de agressão;

III – condenada ou respondendo a processo em outro país por crime doloso passível de extradição segundo a lei brasileira;

IV – que tenha nome incluído em lista de restrições por ordem judicial ou por compromisso assumido pelo País perante organismo internacional; e

V – que tenha praticado ato contrário aos princípios ou aos objetivos dispostos na Constituição.

Art. 134. Caberá recurso da decisão que negar a autorização de residência, no prazo de dez dias, contados da data da ciência do imigrante, assegurados os princípios do contraditório e da ampla defesa e aplicadas, subsidiariamente, as disposições da Lei nº 9.784, de 29 de janeiro de 1999.

Art. 135. A perda da autorização de residência será decretada nas seguintes hipóteses:

I – cessação do fundamento que embasou a autorização de residência;

II – obtenção de autorização de residência com fundamento em outra hipótese; e

III – ausência do País por período superior a dois anos sem apresentação de justificativa.

§ 1º. O imigrante deverá comunicar à Polícia Federal sempre que deixar de possuir as condições que embasaram a concessão de sua autorização de residência durante a sua vigência.

§ 2º. O disposto no inciso I do *caput* não impede o imigrante de solicitar autorização de residência com fundamento em outra hipótese.

Art. 136. A autorização de residência será cancelada, a qualquer tempo, nas seguintes hipóteses:

I – fraude;

II – ocultação de condição impeditiva de concessão de visto, ingresso ou autorização de residência no País;

III – quando a informação acerca da condenação prevista nos incisos II e III do *caput* do art. 133 seja conhecida após a concessão da autorização de residência; ou

IV – se constatado que o nome do requerente encontrava-se em lista a que se refere o inciso IV do *caput* do art. 133 na data da autorização de residência.

Art. 137. A decretação da perda e o cancelamento da autorização de residência serão precedidos de procedimento administrativo no qual serão observados os princípios do contraditório e da ampla defesa.

Art. 138. Os procedimentos de decretação da perda e do cancelamento da autorização de residência serão instaurados em ato do Ministro de Estado da Justiça e Segurança Pública ou do Trabalho, conforme o caso, e instruídos, de imediato, com o termo de notificação do imigrante.

§ 1º. O ato a que se refere o *caput* conterá relato do fato motivador da decretação da perda ou do cancelamento da autorização de residência e a sua fundamentação legal, e determinará que o imigrante seja notificado de imediato e, preferencialmente, por meio eletrônico.

§ 2º. Nas hipóteses de perda ou cancelamento da autorização de residência para fins de trabalho, o empregador poderá ser notificado, observado o disposto no § 1º.

§ 3º. Na hipótese de o imigrante não ser encontrado, a administração pública federal dará publicidade à instauração do procedimento administrativo de decretação da perda ou do cancelamento da autorização de residência em sítio eletrônico e tal publicação será considerada como notificação para todos os atos do referido procedimento.

§ 4º. O imigrante terá o prazo de dez dias para apresentação de defesa no procedimento administrativo.

§ 5º. O imigrante que, regularmente notificado, não apresentar defesa no prazo a que se refere o § 4º será considerado revel.

§ 6º. O imigrante poderá, por meios próprios ou por meio de defensor constituído, apresentar defesa no prazo estabelecido no § 4º e fazer uso dos meios e dos recursos admitidos em direito, inclusive tradutor ou intérprete.

Art. 139. A decisão quanto à decretação da perda ou do cancelamento da autorização de residência caberá ao órgão que a houver concedido.

§ 1º. O imigrante terá o prazo de dez dias para interpor recurso contra a decisão de que trata o *caput*.

§ 2º. Encerrado o procedimento administrativo e decretada a perda ou o cancelamento definitivo da autorização de residência, o imigrante será notificado nos termos estabelecidos no art. 176.

Art. 140. No procedimento administrativo de que trata o art. 177, os documentos e as provas constantes de procedimentos de decretação da perda ou do cancelamento da autorização de residência poderão ser utilizados.

Art. 141. Ato conjunto dos Ministros de Estado da Justiça e Segurança Pública e do Trabalho disporão sobre os procedimentos administrativos referentes ao cancelamento e à perda de autorização de residência e ao recurso contra a negativa de concessão de autorização de residência.

Seção II
Das hipóteses de autorização de residência

Art. 142. O requerimento de autorização de residência poderá ter como fundamento as seguintes hipóteses:

I – a residência tenha como finalidade:

a) pesquisa, ensino ou extensão acadêmica;

b) tratamento de saúde;

c) acolhida humanitária;

d) estudo;

e) trabalho;

f) férias-trabalho;

g) prática de atividade religiosa;

h) serviço voluntário;

i) realização de investimento;

j) realização de atividade com relevância econômica, social, científica, tecnológica ou cultural; ou

k) reunião familiar;

II – a pessoa:

a) seja beneficiária de tratado em matéria de residência e livre circulação;

b) possua oferta de trabalho comprovada;

c) já tenha possuído a nacionalidade brasileira e não deseje ou não reúna os requisitos para readquiri-la;

d) seja beneficiária de refúgio, asilo ou proteção ao apátrida;

e) que não tenha atingido a maioridade civil, nacional de outro país ou apátrida, desacompanhado ou abandonado, que se encontre nas fronteiras brasileiras ou no território nacional;

f) tenha sido vítima de tráfico de pessoas, trabalho escravo ou violação de direito agravada por sua condição migratória;

g) esteja em liberdade provisória ou em cumprimento de pena no País; ou

h) seja anteriormente beneficiada com autorização de residência, observado o disposto no art. 160; ou

III – o imigrante atenda a interesses da política migratória nacional.

§ 1º. A autorização de residência ao imigrante poderá ser concedida com fundamento em apenas uma das hipóteses previstas no *caput*.

§ 2º. A autorização de residência com fundamento nas hipóteses elencadas nas alíneas "a", "c", "e", "g", "h" e "j" do inciso I do *caput* e na alínea "b" do inciso II do *caput* poderá ser concedida inicialmente pelo prazo de até dois anos.

§ 3º. Decorrido o prazo de residência previsto no § 1º, o órgão que concedeu a autorização de residência inicial poderá, por meio de requerimento do imigrante, promover a renovação do prazo inicial de residência pelo período de até dois anos ou a alteração do prazo de residência para prazo indeterminado.

§ 4º. Quando o contrato do imigrante junto a instituição de pesquisa, ensino ou extensão acadêmica for por prazo indeterminado, a autorização de residência por prazo indeterminado poderá ser, excepcionalmente, concedida.

§ 5º. A autorização de residência para exercer cargo, função ou atribuição será concedida por prazo indeterminado quando a legislação brasileira assim exigir.

Art. 143. A autorização de residência para fins de pesquisa, ensino ou extensão acadêmica poderá ser concedida ao imigrante com ou sem vínculo empregatício com instituição de pesquisa ou de ensino brasileira, exigida, na hipótese de vínculo, a comprovação de formação superior compatível ou reconhecimento científico equivalente.

§ 1º. A autorização de residência para pesquisa, ensino ou extensão acadêmica com vínculo empregatício no País será concedida ao imigrante que comprovar oferta de trabalho, caracterizada por meio de contrato de trabalho ou de prestação de serviços celebrado com instituição de pesquisa ou de ensino brasileira.

§ 2º. A autorização de residência para pesquisa, ensino ou extensão acadêmica sem vínculo empregatício no País será concedida ao imigrante detentor de bolsa ou auxílio em uma das modalidades previstas no *caput*, quando o prazo de vigência da bolsa for superior a noventa dias.

§ 3º. O imigrante que possua vínculo institucional exclusivamente no exterior e pretenda realizar atividade de pesquisa, ensino ou de extensão acadêmica subsidiada por instituição de pesquisa ou de ensino estrangeira enquadra-se na hipótese prevista no § 2º, desde que em parceria com instituição brasileira.

§ 4º. O imigrante que se encontre no País sob o amparo da autorização de residência de que trata o *caput*, sem vínculo empregatício no País, por prazo superior a noventa dias, poderá exercer atividade remunerada no País, desde que relacionada à área de pesquisa, de ensino ou de extensão acadêmica.

§ 5º. O requerimento de autorização de residência com fundamento em pesquisa, ensino ou extensão acadêmica deverá respeitar os requisitos, as condições, os prazos e os procedimentos previstos em resolução do Conselho Nacional de Imigração.

Art. 144. A autorização de residência para fins de tratamento de saúde poderá ser concedida ao imigrante e ao seu acompanhante, desde que o imigrante comprove possuir meios de subsistência suficientes.

§ 1º. Excepcionalmente, a autorização de residência poderá ser concedida a mais de um acompanhante, ainda que não cumpridos os requisitos de reunião familiar, desde que comprovada a necessidade médica.

§ 2º. A autorização de residência com fundamento na hipótese elencada neste artigo poderá ser concedida inicialmente pelo prazo de até um ano.

§ 3º. O imigrante poderá requerer a renovação do prazo da autorização de residência até que o tratamento de saúde seja concluído.

§ 4º. A autorização de residência para fins de tratamento de saúde, sem prejuízo do direito à saúde dos imigrantes estabelecidos no País, estará condicionada à comprovação de meios de subsistência suficientes para custear o seu tratamento e a manutenção do imigrante e do seu acompanhante durante o período em que o tratamento for realizado, por recurso próprio, seguro de saúde válido no território nacional ou certificado de prestação de serviço de saúde previsto em tratado de que o País seja parte.

§ 5º. Os titulares da autorização de residência de que trata o *caput* não terão direito de exercer atividade remunerada no País.

§ 6º. O requerimento de autorização de residência para fins de tratamento de saúde deverá respeitar os requisitos estabelecidos em ato conjunto do Ministro de Estado da Justiça e Segurança Pública e das Relações Exteriores.

Art. 145. A autorização de residência para fins de acolhida humanitária poderá ser concedida ao apátrida ou ao nacional de qualquer país em situação de:

I – instabilidade institucional grave ou iminente;

II – conflito armado;

III – calamidade de grande proporção;

IV – desastre ambiental; ou

V – violação grave aos direitos humanos ou ao direito internacional humanitário.

§ 1º. Ato conjunto dos Ministros de Estado da Justiça e Segurança Pública, das Relações Exteriores e do Trabalho estabelecerá os requisitos para a concessão de autorização de residência com fundamento em acolhida humanitária, a renovação do prazo da residência e a sua alteração para prazo indeterminado.

§ 2º. A possibilidade de livre exercício de atividade laboral será reconhecida ao imigrante a quem se tenha sido concedida a autorização de residência de que trata o *caput*, nos termos da legislação vigente.

Art. 146. A autorização de residência para fins de estudo poderá ser concedida ao imigrante que pretenda frequentar curso regular ou realizar estágio ou intercâmbio de estudo ou de pesquisa.

§ 1º. A autorização de residência para fins de estudo habilitará o imigrante a realizar as atividades previstas no *caput* vinculadas a instituição de ensino definida.

§ 2º. A autorização de residência com fundamento na hipótese elencada neste artigo poderá ser concedida inicialmente pelo prazo de até um ano.

§ 3º. Na hipótese prevista neste artigo, o imigrante poderá requerer a renovação até que o curso seja concluído, desde que apresente comprovante de matrícula e aproveitamento escolar, além de meios de subsistência, sem prejuízo de outros documentos exigidos pelo Ministério da Justiça e Segurança Pública.

§ 4º. A mudança de curso e estabelecimento de ensino será autorizada, desde que a Polícia Federal seja comunicada para fins de atualização cadastral.

§ 5º. A instituição de ensino da qual o imigrante tenha se desligado deverá comunicar o fato à Polícia Federal no prazo de trinta dias, contado da data do desligamento.

§ 6º. O exercício de atividade remunerada será permitido ao imigrante a quem se tenha sido concedida a autorização de residência de que trata o *caput*, desde que compatível com a carga horária do estudo, nos termos da legislação vigente.

§ 7º. O requerimento de autorização de residência para fins de estudo deverá respeitar os requisitos estabelecidos em ato conjunto dos Ministros de Estado da Justiça e Segurança Pública e das Relações Exteriores.

Art. 147. A autorização de residência para fins de trabalho poderá ser concedida ao imigrante que exerça atividade laboral, com ou sem vínculo empregatício no País.

§ 1º. A autorização de residência para trabalho com vínculo empregatício será concedida por meio da comprovação de oferta de trabalho no País, observado o seguinte:

I – a oferta de trabalho é caracterizada por meio de contrato individual de trabalho ou de contrato de prestação de serviços; e

II – os marítimos imigrantes a bordo de embarcação de bandeira brasileira deverão possuir contrato individual de trabalho no País.

§ 2º. A autorização de residência para trabalho sem vínculo empregatício será concedida por meio da comprovação de oferta de trabalho no País, quando se tratar das seguintes atividades:

I – prestação de serviço ou auxílio técnico ao Governo brasileiro;

II – prestação de serviço em razão de acordo de cooperação internacional;

III – prestação de serviço de assistência técnica ou transferência de tecnologia;

IV – representação, no País, de instituição financeira ou assemelhada sediada no exterior;

V – representação de pessoa jurídica de direito privado, sem fins lucrativos;

VI – recebimento de treinamento profissional junto a subsidiária, filial ou matriz brasileira;

VII – atuação como marítimo com prazo de estada superior a noventa dias, a bordo de embarcação ou plataforma de bandeira estrangeira;

VIII – realização de estágio profissional ou intercâmbio profissional;

IX – exercício de cargo, função ou atribuição que exija, em razão da legislação brasileira, a residência por prazo indeterminado;

X – realização de atividade como correspondente de jornal, revista, rádio, televisão ou agência noticiosa estrangeira; e

XI – realização de auditoria ou consultoria com prazo de estada superior a noventa dias.

§ 3º. Para a aplicação do inciso VII do § 2º, consideram-se embarcações ou plataformas estrangeiras, entre outras, aquelas utilizadas em navegação de apoio marítimo, de exploração ou prospecção, navegação de cabotagem, levantamento geofísico, dragas e embarcações de pesca.

§ 4º. Será dispensada a oferta de trabalho de que trata o *caput* e considerada a comprovação de titulação em curso de ensino superior ou equivalente, na hipótese de capacidades profissionais estratégicas para o País, conforme disposto em ato conjunto dos Ministros de Estado da Justiça e Segurança Pública, Relações Exteriores e do Trabalho, consultado o Conselho Nacional de Imigração.

§ 5º. Para fins de atração de mão de obra em áreas estratégicas para o desenvolvimento nacional ou com déficit de competências profissionais para o País, ato conjunto dos Ministros de Estado da Justiça e Segurança Pública, Relações Exteriores e do Trabalho, consultado o Conselho Nacional de Imigração, estabelecerá condições simplificadas para a autorização de residência para fins de trabalho.

§ 6º. A possibilidade de modificação do local de exercício de sua atividade laboral, na mesma empresa ou no mesmo grupo econômico, será reconhecida ao imigrante a quem tenha sido concedida a autorização de residência para fins de trabalho, por meio de comunicação ao Ministério do Trabalho.

§ 7º. O imigrante deverá requerer autorização ao Ministério do Trabalho se pretender exercer atividade junto a empregador diverso daquele que o contratou inicialmente, durante a residência por tempo determinado, por meio de pedido fundamentado e instruído com o novo contrato de trabalho firmado.

§ 8º. Após decisão quanto à mudança de empregador de que trata o § 7º, o Ministério do Trabalho comunicará a Polícia Federal para fins de atualização de registro.

§ 9º. O requerimento de autorização de residência com fundamento em trabalho deverá respeitar os requisitos, as condições, os prazos e os procedimentos estabelecidos em resolução do Conselho Nacional de Imigração.

Art. 148. A autorização de residência para fins de férias-trabalho poderá ser concedida ao imigrante maior de dezesseis anos que seja nacional de país que conceda benefício idêntico ao nacional brasileiro, em termos definidos pelo Ministério das Relações Exteriores por meio de comunicação diplomática.

Parágrafo único. A autorização de residência com fundamento no disposto neste artigo somente poderá ser concedida ao portador de visto temporário de férias-trabalho.

Art. 149. A autorização de residência para prática de atividades religiosas poderá ser concedida a:

I – ministro de confissão religiosa;

II – membro de instituto de vida consagrada ou confessional; ou

III – membro de ordem religiosa.

§ 1º. O requerimento de autorização de residência para prática de atividades religiosas deverá respeitar os requisitos, as condições, os prazos e os procedimentos estabelecidos em resolução do Conselho Nacional de Imigração.

§ 2º. O pedido de renovação do prazo de residência ou a sua alteração para prazo indeterminado, observadas as condições estabelecidas neste artigo, será instruído com a comprovação das práticas de atividades religiosas por aqueles a que refere o *caput*.

Art. 150. A autorização de residência para prestação de serviço voluntário junto a entidade de direito público ou privado sem fins lucrativos, ou a organização vinculada a governo estrangeiro, poderá ser concedida desde que não haja vínculo empregatício e nem remuneração de qualquer espécie.

§ 1º. O requerimento de autorização de residência para prestação de serviço voluntário deverá respeitar os requisitos, as condições, os prazos e os procedimentos estabelecidos em resolução do Conselho Nacional de Imigração.

§ 2º. O pedido de renovação do prazo de residência ou a sua alteração para prazo indeterminado com fundamento na hipótese prevista neste artigo deverá ser instruído com a prova da continuidade da prestação de serviço voluntário.

Art. 151. A autorização de residência para fins de realização de investimento poderá ser concedida ao imigrante pessoa física que pretenda realizar ou já realize, com recursos próprios de origem externa, investimento em pessoa jurídica no País, em projeto com potencial para geração de empregos ou de renda no País.

§ 1º. Entende-se por investimento em pessoa jurídica no País:

I – investimento de origem externa em empresa brasileira, conforme regulamentação do Banco Central do Brasil;

II – constituição de sociedade simples ou empresária; e

III – outras hipóteses previstas nas políticas de atração de investimentos externos.

§ 2º. A autorização prevista no *caput* poderá ser concedida ao imigrante administrador, gerente, diretor ou executivo com poderes de gestão, que venha ou esteja no País para representar sociedade civil ou comercial, grupo ou conglomerado econômico que realize investimento externo em empresa estabelecida no território nacional, com potencial para geração de empregos ou de renda no País.

§ 3º. A concessão de que trata o § 2º ficará condicionada ao exercício da função que lhe for designada em contrato ou em ata devidamente registrada no órgão competente.

§ 4º. O requerimento de autorização de residência para fins de realização de investimento deverá respeitar os requisitos previstos em resolução do Conselho Nacional de Imigração.

§ 5º. A autorização de residência com fundamento nas hipóteses elencadas neste artigo poderá ser concedida por prazo indeterminado.

§ 6º. Na hipótese prevista no *caput*, a perda da autorização de residência poderá ser decretada em observância ao disposto no inciso I do *caput* do art. 135, caso o imigrante não tenha executado o plano de investimento que fundamentou a sua autorização.

Art. 152. A autorização de residência para fins de realização de atividade com relevância econômica, social, científica, tecnológica ou cultural deverá respeitar os requisitos, as condições, os prazos e os procedimentos estabelecidos em ato conjunto dos Ministros de Estado da Justiça e Segurança Pública, das Relações Exteriores e do Trabalho, consultado o Conselho Nacional de Imigração.

Art. 153. A autorização de residência para fins de reunião familiar será concedida ao imigrante:

I – cônjuge ou companheiro, sem discriminação alguma, nos termos do ordenamento jurídico brasileiro;

II – filho de brasileiro ou de imigrante beneficiário de autorização de residência;

III – que tenha filho brasileiro;

IV – que tenha filho imigrante beneficiário de autorização de residência;

V – ascendente até o segundo grau de brasileiro ou de imigrante beneficiário de autorização de residência;

VI – descendente até o segundo grau de brasileiro ou de imigrante beneficiário de autorização de residência;

VII – irmão de brasileiro ou de imigrante beneficiário de autorização de residência; ou

VIII – que tenha brasileiro sob a sua tutela, curatela ou guarda.

§ 1º. O requerimento de autorização de residência para fins de reunião familiar deverá respeitar os requisitos previstos em ato conjunto dos Ministros de Estado da Justiça e Segurança Pública e das Relações Exteriores.

§ 2º. A autorização de residência por reunião familiar não será concedida na hipótese de o chamante ser beneficiário de autorização de residência por reunião familiar ou de autorização provisória de residência.

§ 3º. Na hipótese prevista no inciso VII do *caput*, a autorização de residência ao irmão maior de dezoito anos ficará condicionada à comprovação de sua dependência econômica em relação ao familiar chamante.

§ 4º. Quando a autorização de residência do familiar chamante tiver sido concedida por prazo indeterminado, a autorização de residência do familiar chamado será também concedida por prazo indeterminado.

§ 5º. Quando o requerimento for fundamentado em reunião com imigrante beneficiado com residência por prazo determinado, a data de vencimento da autorização de residência do familiar chamado coincidirá com a data de vencimento da autorização de residência do familiar chamante.

§ 6º. Ato do Ministro de Estado da Justiça e Segurança Pública poderá dispor sobre a necessidade de entrevista presencial e de apresentação de documentação adicional para comprovação, quando necessário, do vínculo familiar.

§ 7º. Ato conjunto dos Ministros de Estado da Justiça e Segurança Pública e das Relações Exteriores poderá estabelecer outras hipóteses de parentesco para fins de concessão da autorização de residência de que trata o *caput*.

§ 8º. A solicitação de autorização de residência para fins de reunião familiar poderá ocorrer concomitantemente à solicitação de autorização de residência do familiar chamante.

§ 9º. A concessão da autorização de residência para fins de reunião familiar ficará condicionada à concessão prévia de autorização de residência ao familiar chamante.

§ 10. O beneficiário da autorização de residência para fins de reunião familiar poderá exercer qualquer atividade no País, inclusive remunerada, em igualdade de condições com o nacional brasileiro, nos termos da legislação vigente.

Art. 154. A autorização de residência poderá ser concedida à pessoa beneficiada por tratado em matéria de residência e livre circulação.

Parágrafo único. Na concessão de autorização de residência mencionada no *caput*, será observado o disposto no tratado bilateral ou multilateral que regulamente o assunto e, subsidiariamente, o disposto neste Decreto, no que couber.

Art. 155. A autorização de residência poderá ser concedida à pessoa que já tenha possuído a nacionalidade brasileira e não deseje ou não reúna os requisitos para readquiri-la.

§ 1º. O requerimento de autorização de residência com fundamento no disposto neste artigo deverá respeitar os requisitos previstos em ato do Ministro de Estado da Justiça e Segurança Pública.

§ 2º. A autorização de residência com fundamento no disposto neste artigo poderá ser concedida por prazo indeterminado.

Art. 156. A autorização de residência poderá ser concedida à pessoa beneficiária de:

I – proteção ao apátrida;

II – asilo político; ou

III – refúgio.

§ 1º. A autorização de residência do refugiado observará o disposto no art. 28 da Lei nº 9.474, de 1997.

§ 2º. A autorização de residência do refugiado, do asilado político e do apátrida será concedida por prazo indeterminado.

§ 3º. O solicitante de refúgio, asilo político ou proteção ao apátrida fará jus à autorização provisória de residência até decisão final quanto ao seu pedido.

§ 4º. A autorização provisória de residência prevista no § 3º será demonstrada por meio de protocolo de solicitação de reconhecimento da condição de refugiado, asilado político ou apátrida.

§ 5º. O beneficiário da autorização de residência do refugiado, do asilado político e do apátrida ou da autorização de residência provisória a que se refere o § 3º poderá exercer qualquer atividade no País, inclusive remunerada, em igualdade de condições com o nacional brasileiro, nos termos da legislação vigente.

§ 6º. A autorização de residência concedida àquele cuja condição de refugiado, asilado ou apátrida tiver cessado permanecerá válida pelo prazo de noventa dias.

§ 7º. O disposto no § 6º não se aplica às seguintes hipóteses:

I – perda da proteção ao apátrida;

II – revogação do asilo político; e

III – perda da condição de refugiado.

§ 8º. A cessação da proteção ao apátrida ou da condição de refugiado ou asilado político não impedirá a solicitação de nova autorização de residência, observado o disposto no art. 142.

§ 9º. O requerimento de autorização de residência com fundamento no disposto neste artigo deverá respeitar os requisitos previstos em ato do Ministro de Estado da Justiça e Segurança Pública, consultados os demais Ministérios interessados.

Art. 157. A autorização de residência poderá ser concedida à criança ou ao adolescente nacional de outro país ou apátrida, desacompanhado ou abandonado, que se encontre em ponto de controle migratório nas fronteiras brasileiras ou no território nacional.

§ 1º. A avaliação da solicitação de autorização de residência com fundamento no disposto no *caput* e da possibilidade de retorno à convivência familiar deverá considerar o interesse superior da criança ou do adolescente na tomada de decisão.

§ 2º. O requerimento da autorização de residência prevista neste artigo poderá ser feito pela Defensoria Pública da União.

§ 3º. O prazo da autorização de residência vigorará até que o imigrante atinja a maioridade, alcançada aos dezoito anos completos, em observância ao disposto no art. 5º da Lei nº 10.406, de 10 de janeiro de 2002 – Código Civil.

§ 4º. Na hipótese de o imigrante atingir a maioridade e tiver interesse em permanecer no País, ele deverá comparecer a unidade da Polícia Federal no prazo de cento e oitenta dias para formalizar o pedido de alteração do prazo de residência para indeterminado.

§ 5º. O requerimento de autorização de residência com fundamento no disposto neste artigo deverá respeitar os requisitos previstos em ato do Ministro de Estado da Justiça e Segurança Pública, consultados os demais Ministérios interessados.

Art. 158. A autorização de residência poderá ser concedida à vítima de:

I – tráfico de pessoas;

II – trabalho escravo; ou

III – violação de direito agravada por sua condição migratória.

§ 1º. A autorização de residência com fundamento no disposto neste artigo será concedida por prazo indeterminado.

§ 2º. O requerimento previsto neste artigo poderá ser encaminhado diretamente ao Ministério da Justiça e Segurança Pública pelo Ministério Público, pela Defensoria Pública ou pela Auditoria Fiscal do Trabalho, na forma estabelecida em ato conjunto dos Ministros de Estado da Justiça e Segurança Pública e do Trabalho, consultados os demais Ministérios interessados, o qual disporá sobre outras autoridades públicas que poderão reconhecer a situação do imigrante como vítima, nos termos estabelecidos no *caput*.

§ 3º. A autoridade pública que representar pela regularização migratória das vítimas a que se refere o *caput* deverá instruir a representação com documentação que permita identificar e localizar o imigrante.

§ 4º. O beneficiário da autorização de residência concedida a vítima a que se refere o *caput* deverá apresentar anuência ao requerimento ofertado pela autoridade pública.

Art. 159. A autorização de residência poderá ser concedida à pessoa que esteja em liberdade provisória ou em cumprimento de pena no País.

§ 1º. O prazo de residência para o imigrante em liberdade provisória será de até um ano, renovável por meio da apresentação de certidão expedida pelo Poder Judiciário que disponha sobre o andamento do processo.

§ 2º. Na hipótese de imigrante sentenciado, o prazo de residência estará vinculado ao período da pena a ser cumprido, informado pelo juízo responsável pela execução criminal.

§ 3º. Na instrução do requerimento de autorização de residência com fundamento no disposto neste artigo, deverá ser apresentada, além dos documentos a que se refere o art. 129, decisão judicial da concessão da liberdade provisória ou certidão emitida pelo juízo responsável pela execução criminal do qual conste o período de pena a ser cumprida, conforme o caso.

§ 4º. Na ausência da apresentação do documento a que se refere o inciso II do *caput* do art. 129, deverá ser apresentado ofício emitido pelo juízo responsável do qual conste a qualificação completa do imigrante.

Art. 160. A concessão de nova autorização de residência para imigrante poderá ser fornecida, atendido o disposto na alínea "h" do inciso II do *caput* do art. 142 a imigrante que tenha sido anteriormente beneficiado com autorização de residência, fundamentado em reunião familiar, satisfeitos os seguintes requisitos:

I – ter residido no País por, no mínimo, quatro anos;

II – comprovar meios de subsistência; e

III – apresentar certidão negativa de antecedentes criminais.

§ 1º. A nova autorização de residência com fundamento no disposto neste artigo será concedida por prazo indeterminado.

§ 2º. O disposto neste artigo não se aplica às hipóteses em que o requisito para o reconhecimento da condição anterior tenha deixado de ser atendido em razão de fraude.

Art. 161. A autorização de residência poderá ser concedida para fins de atendimento ao interesse da política migratória nacional.

Parágrafo único. Ato conjunto do Ministros de Estado da Justiça e Segurança Pública, das Relações Exteriores e do Trabalho disporá sobre as hipóteses, os requisitos e os prazos da autorização de residência para fins de atendimento ao interesse da política migratória nacional.

Art. 162. O Conselho Nacional de Imigração disciplinará os casos especiais para a concessão de autorização de residência associada às questões laborais.

Art. 163. O Ministério da Justiça e Segurança Pública disciplinará os casos especiais para a concessão de autorização de residência não previstos expressamente neste Decreto.

Capítulo IX
DA ENTRADA E DA SAÍDA DO TERRITÓRIO NACIONAL

Seção I
Da fiscalização marítima, aeroportuária e de fronteira

Art. 164. A entrada no País poderá ser permitida ao imigrante identificado por documento de viagem válido que não se enquadre em nenhuma das hipóteses de impedimento de ingresso previstas neste Decreto e que seja:

I – titular de visto válido;

II – titular de autorização de residência; ou

III – de nacionalidade beneficiária de tratado ou comunicação diplomática que enseje a dispensa de visto.

§ 1º. Ato do Ministro de Estado da Saúde disporá sobre as medidas sanitárias necessárias para entrada no País, quando couber.

§ 2º. As autoridades responsáveis pela fiscalização contribuirão para a aplicação de medidas sanitárias em consonância com o Regulamento Sanitário Internacional e com outras disposições pertinentes.

Art. 165. As funções de polícia marítima aeroportuária e de fronteira serão realizadas pela Polícia Federal nos pontos de entrada e saída do território nacional, sem prejuízo de outras fiscalizações, nos limites de suas atribuições, realizadas pela Secretaria da Receita Federal do Brasil do Ministério da Fazenda e, quando for o caso, pelo Ministério da Saúde.

Parágrafo único. O imigrante deverá permanecer em área de fiscalização até que o seu documento de viagem tenha sido verificado, exceto nos casos previstos em lei.

Art. 166. Quando a entrada no território nacional ocorrer por via aérea, a fiscalização será realizada no aeroporto do local de destino de passageiros e tripulantes ou, caso ocorra a transformação do voo internacional em doméstico, no lugar onde ela ocorrer.

Parágrafo único. Quando a saída do território nacional ocorrer por via aérea, a fiscalização será realizada no aeroporto internacional do local de embarque ou, caso ocorra a transformação do voo doméstico em internacional, no lugar onde ela ocorrer.

Art. 167. Na hipótese de entrada ou saída por via terrestre, a fiscalização ocorrerá no local designado para esse fim.

Art. 168. Nos pontos de fiscalização migratória marítima, fluvial e lacustre, o controle migratório será realizado a bordo:

I – no porto de entrada da embarcação no território nacional; e

II – no porto de saída da embarcação do território nacional.

§ 1º. O controle migratório previsto no *caput* poderá ser realizado em terminal portuário sempre que essa estrutura se mostrar mais adequada.

§ 2º. O controle migratório de navios de turismo poderá ser feito em águas territoriais nacionais, conforme estabelecido pela Polícia Federal.

Art. 169. O direito de passagem inocente no mar territorial brasileiro será reconhecido aos navios de todas as nacionalidades, observado o disposto no art. 3º da Lei nº 8.617, de 4 de janeiro de 1993.

§ 1º. A passagem será considerada inocente desde que não seja prejudicial à paz, à boa ordem ou à segurança do País, e deverá ser contínua e rápida.

§ 2º. A passagem inocente poderá compreender o parar e o fundear, desde que tais procedimentos constituam incidentes comuns de navegação, sejam impostos por motivos de força maior ou por dificuldade grave, ou tenham por fim prestar auxílio a pessoas ou a navios em perigo ou em dificuldade grave.

§ 3º. A fiscalização de passageiros, tripulantes e estafes de navios em passagem inocente não será realizada, exceto nas hipóteses previstas no § 2º, quando houver necessidade de descida de pessoas à terra ou subida a bordo do navio.

Art. 170. Na fiscalização de entrada, poderão ser exigidos:

I – comprovante de meio de transporte de saída do território nacional;

II – comprovante de meios de subsistência compatíveis com o prazo e com o objetivo da viagem pretendida; e

III – documentação que ateste a natureza das atividades que serão desenvolvidas no País, conforme definido em atos específicos.

Parágrafo único. Para confirmação do objetivo da viagem, documentos adicionais poderão ser requeridos.

Seção II
Do impedimento de ingresso

Art. 171. Após entrevista individual e mediante ato fundamentado, o ingresso no País poderá ser impedido à pessoa:

I – anteriormente expulsa do país, enquanto os efeitos da expulsão vigorarem;

II – nos termos definidos pelo Estatuto de Roma do Tribunal Penal Internacional, de 1998, promulgado pelo Decreto nº 4.388, de 2002, condenada ou respondendo a processo por:

a) ato de terrorismo ou crime de genocídio;

b) crime contra a humanidade;

c) crime de guerra; ou

d) crime de agressão;

III – condenada ou respondendo a processo em outro país por crime doloso passível de extradição segundo a lei brasileira;

IV – que tenha o nome incluído em lista de restrições por ordem judicial ou por compromisso assumido pelo País perante organismo internacional;

V – que apresente documento de viagem que:

a) não seja válido no território nacional;

b) esteja com o prazo de validade vencido; ou

c) esteja com rasura ou indício de falsificação;

VI – que não apresente documento de viagem ou, quando admitido, documento de identidade;

VII – cuja razão da viagem não seja condizente com o visto ou com o motivo alegado para a isenção de visto ou que não possua visto válido, quando exigível;

VIII – que tenha comprovadamente fraudado documentação ou prestado informação falsa por ocasião da solicitação de visto;

IX – que tenha praticado ato contrário aos princípios e aos objetivos dispostos na Constituição;

X – a quem tenha sido denegado visto, enquanto permanecerem as condições que ensejaram a denegação;

XI – que não tenha prazo de estada disponível no ano migratório vigente, na qualidade de visitante;

XII – que tenha sido beneficiada com medida de transferência de pessoa condenada aplicada conjuntamente com impedimento de reingresso no território nacional, observado o disposto no § 2º do art. 103 da Lei nº 13.445, de 2017, desde que ainda esteja no cumprimento de sua pena;

XIII – que não atenda às recomendações temporárias ou permanentes de emergências em saúde pública internacional definidas pelo Regulamento Sanitário Internacional; ou

XIV – que não atenda às recomendações temporárias ou permanentes de emergências em saúde pública de importância nacional definidas pelo Ministério da Saúde.

§ 1º. O procedimento de efetivação do impedimento de ingresso será disciplinado em ato do dirigente máximo da Polícia Federal.

§ 2º. Nas hipóteses previstas nos incisos XIII e XIV do *caput*, o fundamento para o impedimento de ingresso será comunicado à Polícia Federal pelo Ministério da Saúde.

Art. 172. A entrada condicional no território nacional de pessoa que não preencha os requisitos de admissão poderá, na impossibilidade de retorno imediato do imigrante impedido ou clandestino, ser autorizada pela Polícia Federal, por meio da assinatura de termo de compromisso, pelo transportador ou por seu agente, que assegure o custeio das despesas com a permanência e com as providências necessárias para a repatriação do imigrante.

Parágrafo único. Na hipótese de entrada condicional prevista no *caput*, a Polícia Federal fixará o prazo de estada, as condições a serem observadas e o local em que o imigrante impedido ou clandestino permanecerá.

Art. 173. O desembarque de marítimo embarcado em navio em viagem de longo curso portador de carteira de marítimo expedida por país não signatário de Convenção da Organização Internacional do Trabalho sobre a matéria não será permitido, hipótese em que ele deverá permanecer a bordo.

Art. 174. A admissão excepcional no País poderá ser autorizada à pessoa que se enquadre em uma das seguintes hipóteses, desde que esteja de posse de documento de viagem válido:

I – não possua visto ou seja titular de visto cujo prazo de validade tenha expirado;

II – seja titular de visto emitido com erro ou omissão;

III – tenha perdido a condição de residente por ter permanecido ausente do País por período superior a dois anos e detenha condições objetivas para a concessão de nova autorização de residência;

IV – seja criança ou adolescente desacompanhado do responsável legal e sem autorização expressa para viajar desacompanhado, independentemente do documento de viagem que portar, hipótese em que haverá encaminhamento ao Conselho Tutelar ou, se necessário, a instituição indicada pela autoridade competente;

V – outras situações emergenciais, caso fortuito ou força maior.

§ 1º. Nas hipótese previstas no incisos I, II e V do *caput*, o prazo da admissão excepcional será de até oito dias.

§ 2º. Nas hipóteses previstas nos incisos III e IV do *caput*, o prazo da admissão excepcional será de até trinta dias.

§ 3º. A admissão excepcional poderá ser solicitada pelo Ministério das Relações Exteriores, por representação diplomática do país de nacionalidade da pessoa ou por órgão da administração pública, por meio de requerimento dirigido ao chefe da unidade da fiscalização migratória, conforme disposto em ato do dirigente máximo da Polícia Federal.

Art. 175. O tripulante ou o passageiro que, por motivo de força maior, seja obrigado a interromper a viagem no território nacional poderá ter o seu desembarque permitido por meio de termo de responsabilidade pelas despesas decorrentes do transbordo.

Capítulo X
DA REGULARIZAÇÃO DA SITUAÇÃO MIGRATÓRIA

Art. 176. O imigrante que estiver em situação migratória irregular será pessoalmente notificado para que, no prazo de sessenta dias, contado da data da notificação, regularize a sua situação migratória ou deixe o País voluntariamente.

§ 1º. A irregularidade migratória poderá ocorrer em razão de:

I – entrada irregular;

II – estada irregular; ou

III – cancelamento da autorização de residência.

§ 2º. Ato do dirigente máximo da Polícia Federal disporá sobre a notificação pessoal por meio eletrônico, a publicação por edital em seu sítio eletrônico e os demais procedimentos de que trata este Capítulo.

§ 3º. As irregularidades verificadas na situação migratória constarão, expressamente, da notificação de que trata o *caput*.

§ 4º. O prazo estabelecido no *caput* será prorrogável por até sessenta dias, desde que o imigrante notificado compareça a unidade da Polícia Federal para justificar a necessidade da prorrogação e assinar termo de compromisso de que manterá as suas informações pessoais e relativas ao seu endereço atualizadas.

§ 5º. A notificação a que se refere o *caput* não impedirá a livre circulação no território nacional, hipótese em que o imigrante deverá informar à Polícia Federal o seu local de domicílio e as atividades por ele exercidas no País e no exterior.

§ 6º. Na hipótese de o imigrante notificado nos termos estabelecidos neste artigo não regularizar a sua situação migratória e comparecer a ponto de fiscalização para deixar o País após encerrado o prazo estabelecido no *caput*, será lavrado termo e registrada a saída do território nacional como deportação.

§ 7º. A notificação será dispensada quando a irregularidade for constatada no momento da saída do imigrante do território nacional, e será lavrado termo e registrada a saída do território nacional como deportação, sem prejuízo da aplicação de multa, nos termos estabelecidos no inciso II do *caput* do art. 307.

§ 8º. O prazo para regularização migratória de que trata o *caput* será deduzido do prazo de estada do visto de visita estabelecido no art. 20.

Art. 177. O procedimento administrativo de regularização da situação migratória será instruído com:

I – a comprovação da notificação do imigrante para regularizar a sua condição migratória ou deixar voluntariamente o País; e

II – a manifestação do interessado, quando apresentada.

Capítulo XI
DAS MEDIDAS DE RETIRADA COMPULSÓRIA

Seção I
Disposições gerais

Art. 178. São medidas de retirada compulsória:

I – a repatriação;

II – a deportação; e

III – a expulsão.

Art. 179. A repatriação, a deportação e a expulsão serão feitas para o país de nacionalidade ou de procedência do migrante ou do visitante, ou para outro país que o aceite, em observância aos tratados de que o País seja parte.

Art. 180. Não se procederá à repatriação, à deportação ou à expulsão de nenhum indivíduo quando subsistirem razões para acreditar que a medida poderá colocar em risco sua vida, sua integridade pessoal ou sua liberdade seja ameaçada por motivo de etnia, religião, nacionalidade, pertinência a grupo social ou opinião política.

Art. 181. O beneficiário de proteção ao apátrida, refúgio ou asilo político não será repatriado, deportado ou expulso enquanto houver processo de reconhecimento de sua condição pendente no País.

Parágrafo único. Na hipótese de deportação de apátrida, a medida de retirada compulsória somente poderá ser aplicada após autorização do Ministério da Justiça e Segurança Pública.

Art. 182. O procedimento de deportação dependerá de autorização prévia do Poder Judiciário no caso de migrante em cumprimento de pena ou que responda criminalmente em liberdade.

Art. 183. As medidas de retirada compulsória não serão feitas de forma coletiva.

§ 1º. Entende-se por repatriação, deportação ou expulsão coletiva aquela que não individualiza a situação migratória irregular de cada migrante.

§ 2º. A individualização das medidas de repatriação ocorrerá por meio de termo do qual constarão:

I – os dados pessoais do repatriando;

II – as razões do impedimento que deu causa à medida; e

III – a participação de intérprete, quando necessária.

§ 3º. A individualização das medidas de deportação e expulsão ocorrerá por meio de procedimento administrativo instaurado nos termos estabelecidos nos art. 188 e art. 195.

Art. 184. O imigrante ou o visitante que não tenha atingido a maioridade civil, desacompanhado ou separado de sua família, não será repatriado ou deportado, exceto se a medida de retirada compulsória for comprovadamente mais favorável para a garantia de seus direitos ou para a reintegração a sua família ou a sua comunidade de origem.

Seção II
Da repatriação

Art. 185. A repatriação consiste em medida administrativa da devolução ao país de procedência ou de nacionalidade da pessoa em situação de impedimento de ingresso, identificada no momento da entrada no território nacional.

§ 1º. Caso a repatriação imediata não seja possível, a entrada do imigrante poderá ser permitida, desde que atenda ao disposto no § 2º.

§ 2º. Na hipótese prevista no § 1º, o transportador ou o seu agente deverá assinar termo de compromisso que assegure o custeio das despesas com a permanência e com as providências para a repatriação do imigrante, do qual constarão o seu prazo de estada, as condições e o local em que o imigrante.

§ 3º. A Defensoria Pública da União será notificada, preferencialmente por meio eletrônico, quando o imigrante que não tenha atingido a maioridade civil estiver desacompanhado ou separado de sua família e quando a sua repatriação imediata não for possível.

§ 4º. A ausência de manifestação da Defensoria Pública da União, desde que prévia e devidamente notificada, não impedirá a efetivação da medida de repatriação.

Art. 186. Ato do dirigente máximo da Polícia Federal estabelecerá os procedimentos administrativos necessários para a repatriação, conforme os tratados de que o País seja parte.

Seção III
Da deportação

Art. 187. A deportação consiste em medida decorrente de procedimento administrativo da qual resulta a retirada compulsória da pessoa que se encontre em situação migratória irregular no território nacional.

Parágrafo único. Os procedimentos concernentes à deportação observarão os princípios do contraditório, da ampla defesa e da garantia de recurso com efeito suspensivo.

Art. 188. O procedimento que poderá levar à deportação será instaurado pela Polícia Federal.

§ 1º. O ato de que trata o *caput* conterá relato do fato motivador da medida e a sua fundamentação legal, e determinará:

I – a juntada do comprovante da notificação pessoal do deportando prevista no art. 176;

II – notificação, preferencialmente por meio eletrônico:

a) da repartição consular do país de origem do imigrante;

b) do defensor constituído do deportando, quando houver, para apresentação de defesa técnica no prazo de dez dias; e

c) da Defensoria Pública da União, na ausência de defensor constituído, para apresentação de defesa técnica no prazo de vinte dias.

§ 2º. As irregularidades verificadas no procedimento administrativo da deportação constarão, expressamente, das notificações de que trata o § 1º.

§ 3º. A assistência jurídica providenciará defesa técnica no prazo a que se refere o § 1º, e, se entender necessário:

I – tradutor ou intérprete; e

II – exames ou estudos.

§ 4º. A ausência de manifestação da Defensoria Pública da União, desde que prévia e devidamente notificada, não impedirá a efetivação da medida de deportação.

Art. 189. Caberá recurso com efeito suspensivo da decisão sobre deportação no prazo de dez dias, contado da data da notificação do deportando.

Art. 190. Não se procederá à deportação se a medida configurar extradição não admitida pela legislação brasileira.

Art. 191. Ato do dirigente máximo da Polícia Federal disporá sobre os procedimentos administrativos necessários para a deportação.

Parágrafo único. Ato do Ministro de Estado da Justiça e Segurança Pública definirá as hipóteses de redução do prazo de que trata o § 6º do art. 50 da Lei nº 13.445, de 2017.

Seção IV
Da expulsão

Art. 192. A expulsão consiste em medida administrativa da retirada compulsória do território nacional instaurada por meio de Inquérito Policial de Expulsão, conjugada com impedimento de reingresso por prazo determinado do imigrante ou do visitante com sentença condenatória transitada em julgado pela prática de:

I – nos termos definidos pelo Estatuto de Roma do Tribunal Penal Internacional, de 1998, promulgado pelo Decreto nº 4.388, de 2002:

a) crime de genocídio;

b) crime contra a humanidade;

c) crime de guerra; ou

d) crime de agressão; ou

II – crime comum doloso passível de pena privativa de liberdade, consideradas a gravidade e as possibilidades de ressocialização no território nacional.

Art. 193. O Ministério da Justiça e Segurança Pública não procederá à expulsão daqueles a que se refere o art. 192 quando:

I – a medida configurar extradição não admitida pela lei brasileira;

II – o expulsando:

a) tiver filho brasileiro que esteja sob a sua guarda ou dependência econômica ou socioafetiva ou tiver pessoa brasileira sob a sua tutela;

b) tiver cônjuge ou companheiro residente no País, sem discriminação alguma, reconhecido judicial ou legalmente;

c) tiver ingressado no País antes de completar os doze anos de idade, desde que resida, desde então, no País; ou

d) seja pessoa com mais de setenta anos que resida no País há mais de dez anos, considerados a gravidade e o fundamento da expulsão.

Art. 194. Enquanto o procedimento de expulsão estiver pendente, o expulsando permanecerá aguardando a sua decisão, sem alteração de sua condição migratória.

Art. 195. O procedimento de expulsão será iniciado por meio de Inquérito Policial de Expulsão.

§ 1º. O Inquérito Policial de Expulsão será instaurado pela Polícia Federal, de ofício ou por determinação do Ministro de Estado da Justiça e Segurança Pública, de requisição ou de requerimento fundamentado em sentença, e terá como objetivo produzir relatório final sobre a pertinência ou não da medida de expulsão, com o levantamento de subsídios para a decisão, realizada pelo Ministro de Estado da Justiça e Segurança Pública, acerca:

I – da existência de condição de inexpulsabilidade;

II – da existência de medidas de ressocialização, se houver execução de pena; e

III – da gravidade do ilícito penal cometido.

§ 2º. A instauração do Inquérito Policial de Expulsão será motivada:

I – na hipótese prevista no inciso I do *caput* do art. 192, pelo recebimento, a qualquer tempo, por via diplomática, de sentença definitiva expedida pelo Tribunal Penal Internacional; ou

II – na hipótese prevista no inciso II do *caput* do art. 192, pela existência de sentença.

§ 3º. Os procedimentos concernentes à expulsão observarão os princípios do contraditório e da ampla defesa.

§ 4º. O ato de que trata o *caput* conterá relato do fato motivador da expulsão e a sua fundamentação legal, e determinará que seja realizada, de imediato, a notificação, preferencialmente por meio eletrônico:

I – do expulsando;

II – da repartição consular do país de origem do imigrante;

III – do defensor constituído do expulsando, quando houver; e

IV – da Defensoria Pública da União.

§ 5º. A assistência jurídica providenciará defesa técnica no prazo a que se refere o art. 196, e, se entender necessário, tradutor ou intérprete.

§ 6º. A expulsão somente ocorrerá após o trânsito em julgado da ação que julgar o processo de expulsão.

Art. 196. O defensor constituído terá o prazo de dez dias para apresentação de defesa técnica no procedimento administrativo de expulsão e dez dias para interposição de pedido de reconsideração, quando for o caso.

Parágrafo único. Os prazos estabelecidos no *caput* serão contados em dobro em relação à Defensoria Pública da União.

Art. 197. Iniciado o processo de expulsão, o expulsando será notificado da sua instauração, além da data e do horário fixados para o seu interrogatório.

Parágrafo único. Se o expulsando não for encontrado, a Polícia Federal dará publicidade à instauração do Inquérito Policial de Expulsão em seu sítio eletrônico e tal publicação será considerada como notificação para todos os atos do referido procedimento.

Art. 198. Na hipótese de expulsando preso fora das dependências da Polícia Federal, a sua presença na repartição policial será solicitada ao juízo de execuções penais, sem prejuízo da autorização para realização de qualificação e interrogatório no estabelecimento penitenciário.

Art. 199. O expulsando que, regularmente notificado, não se apresentar ao interrogatório será considerado revel e a sua defesa caberá à Defensoria Pública da União ou, em sua ausência, a defensor dativo.

Parágrafo único. Na hipótese de revelia e de o expulsando se encontrar em lugar incerto e não sabido, a Polícia Federal providenciará a qualificação indireta do expulsando.

Art. 200. O Inquérito Policial de Expulsão será instruído com os seguintes documentos:

I – o ato a que se refere o art. 195, § 1º, e a documentação que fundamentou a sua edição;

II – a cópia da sentença penal condenatória e a certidão de trânsito em julgado, se disponíveis;

III – o documento do juízo de execução penal que ateste se o expulsando é beneficiário de medidas de ressocialização em cumprimento de penas cominadas ou executadas no território nacional, se já houver execução;

IV – o termo de notificação pessoal do expulsando ou a cópia da notificação publicada no sítio eletrônico da Polícia Federal;

V – os termos de notificação:

a) do representante consular do país de nacionalidade do expulsando; e

b) do defensor constituído do expulsando ou, em sua ausência, da Defensoria Pública da União ou de defensor dativo;

VI – o auto de qualificação e interrogatório;

VII – a defesa técnica apresentada:

a) pelo defensor constituído do expulsando, quando houver; ou

b) pela Defensoria Pública da União ou por defensor dativo;

VIII – o termo das diligências realizadas; e

IX – o relatório final.

§ 1º. O Inquérito Policial de Expulsão poderá ser instruído com outros documentos, a critério da autoridade que o presidir.

§ 2º. O documento a que se refere o inciso VII do *caput* será dispensado quando não for apresentado pela defesa do expulsando, desde que os termos de notificação tenham sido devidamente apresentados.

§ 3º. O termo de compromisso assinado pelo expulsando constará do auto de qualificação e interrogatório, no qual assegurará que manterá as suas informações pessoais e relativas ao local de domicílio atualizadas.

§ 4º. Durante o inquérito, suscitada a hipótese de inexpulsabilidade, as diligências para a sua confirmação serão providenciadas.

§ 5º. Na hipótese de indeferimento das diligências requeridas pela defesa do expulsando, a autoridade que presidir o Inquérito Policial de Expulsão deverá elaborar despacho fundamentado.

Art. 201. O direito à palavra deverá ser dado ao expulsando e ao seu defensor na oitiva de testemunhas e no interrogatório, anteriormente ao encerramento do Inquérito Policial de Expulsão.

Art. 202. O relatório final com a recomendação técnica pela efetivação da expulsão ou pelo reconhecimento de causa de impedimento da medida de retirada compulsória será encaminhado para apreciação e deliberação do Ministro de Estado da Justiça e Segurança Pública.

Art. 203. Publicado o ato do Ministro de Estado da Justiça e Segurança Pública que disponha sobre a expulsão e o prazo determinado de impedimento para reingresso no território nacional, o expulsando poderá interpor pedido de reconsideração no prazo de dez dias, contado da data da sua notificação pessoal.

Parágrafo único. Ato do dirigente máximo da Polícia Federal disporá sobre a notificação pessoal por meio eletrônico nas hipóteses de expulsão.

Art. 204. O prazo de vigência da medida de impedimento vinculada aos efeitos da expulsão será proporcional ao prazo total da pena aplicada e não será superior ao dobro de seu tempo.

§ 1º. O prazo de vigência da medida de impedimento definido no ato a que se refere o art. 203 será contado da data da saída do imigrante expulso do País.

§ 2º. O Ministério da Justiça e Segurança Pública registrará e informará à Polícia Federal sobre o decurso do período de impedimento de retorno do imigrante expulso ao País.

§ 3º. Encerrado o prazo para o pedido de reconsideração sem que haja formalização do pedido pelo expulsando ou no caso de seu indeferimento, a Polícia Federal ficará autorizada a efetivar o ato expulsório.

Art. 205. A existência de procedimento de expulsão não impedirá a saída do expulsando do País.

§ 1º. A saída voluntária do expulsando do País não suspenderá o processo de expulsão.

§ 2º. Quando verificado que o expulsando com expulsão já decretada tenha comparecido a ponto de fiscalização para deixar voluntariamente o País, será lavrado termo e registrada a saída do território nacional como expulsão.

Art. 206. O requerimento de suspensão dos efeitos e de revogação da medida de expulsão e de impedimento de ingresso e permanência no território nacional deverá ter por fundamento a ocorrência de causa de inexpulsabilidade prevista no art. 193, *caput*, inciso II, alíneas "a" a "d", quando não observada ou não existente no decorrer do processo administrativo.

§ 1º. O requerimento a que se refere o *caput* poderá ser apresentado em representação diplomática brasileira e será enviado ao Ministério da Justiça e Segurança Pública para avaliação.

§ 2º. O efeito da medida impeditiva de reingresso não será automaticamente suspenso com a apresentação do requerimento a que se refere o *caput*, hipótese em que a suspensão ficará sujeita à decisão do Ministério da Justiça e Segurança Pública.

§ 3º. O requerimento a que se refere o *caput* terá prioridade em sua instrução e sua decisão.

§ 4º. Caberá ao Ministro de Estado da Justiça e Segurança Pública decidir sobre a revogação da medida de expulsão.

Seção V
Da efetivação e do custeio das medidas de retirada compulsória

Art. 207. Ato do Ministro de Estado da Justiça e Segurança Pública disporá sobre o regramento específico para efetivação em caráter excepcional da repatriação e da deportação de pessoa que tenha praticado ato contrário aos princípios e aos objetivos dispostos na Constituição, nos termos estabelecidos no art. 45, *caput*, inciso IX, da Lei nº 13.445, de 2017.

Art. 208. A efetivação da medida de retirada compulsória será feita por meio de termo da Polícia Federal, que também comunicará, por meio da Organização Internacional de Polícia Criminal – Interpol, as autoridades policiais e migratórias dos países de escala, conexões e destino.

Art. 209. As medidas de cooperação internacional poderão ser aplicadas conjuntamente com qualquer medida de retirada compulsória e, se for o caso, de impedimento de reingresso no território nacional.

Parágrafo único. A efetivação prévia de medida de cooperação internacional não prejudicará o processamento de medida de retirada compulsória.

Art. 210. A pessoa em situação de impedimento de ingresso, identificada no momento da entrada no território nacional, que não possa ser repatriada de imediato, será mantida em liberdade vigiada até a sua devolução ao país de procedência ou de nacionalidade, quando essa necessidade for identificada pela Polícia Federal.

Art. 211. O delegado da Polícia Federal poderá representar perante o juízo federal pela prisão ou por outra medida cautelar, observado o disposto no Título IX do Decreto-Lei nº 3.689, de 3 de outubro de 1941 – Código de Processo Penal.

§ 1º. A medida cautelar aplicada vinculada à mobilidade do imigrante ou do visitante deverá ser comunicada ao juízo federal e à repartição consular do país de nacionalidade do preso e registrada em sistema próprio da Polícia Federal.

§ 2º. Na hipótese de o imigrante sobre quem recai a medida estar preso por outro motivo, o fato deverá ser comunicado ao juízo de execuções penais competente, para determinar a apresentação do deportando ou do expulsando à Polícia Federal.

§ 3º. O deportando ou o expulsando preso será informado de seus direitos, observado o disposto no inciso LXIII do *caput* do art. 5º da Constituição e, caso ele não informe o nome de seu defensor, a Defensoria Pública da União será notificada.

Art. 212. O custeio das despesas com a retirada compulsória correrá com recursos da União somente depois de esgotados todos os esforços para a sua efetivação com recursos da pessoa sobre quem recair a medida, do transportador ou de terceiros.

Parágrafo único. A retirada compulsória às expensas da União conterá, para efeito de programação financeira, o detalhamento prévio das despesas com a efetivação da medida.

Capítulo XII
DA NACIONALIDADE E DA NATURALIZAÇÃO

Seção I
Da opção pela nacionalidade brasileira

Art. 213. A opção pela nacionalidade é o ato pelo qual o brasileiro nascido no exterior e que não tenha sido registrado em repartição consular confirma, perante a autoridade judiciária competente, a sua intenção de manter a nacionalidade brasileira.

§ 1º. A opção de nacionalidade não importará a renúncia de outras nacionalidades.

§ 2º. A opção de nacionalidade é ato personalíssimo e deverá ocorrer por meio de procedimento específico, de jurisdição voluntária, perante a Justiça Federal, a qualquer tempo, após atingida a maioridade civil.

§ 3º. A União sempre será ouvida no processo de opção de nacionalidade por meio de citação dirigida à Advocacia-Geral da União, observado o disposto no art. 721 da Lei nº 13.105, de 16 de março de 2015 – Código de Processo Civil.

Art. 214. O filho de pai ou de mãe brasileira nascido no exterior e que não tenha sido registrado em repartição consular poderá, a qualquer tempo, desde que esteja residindo no País, promover ação de opção de nacionalidade.

Art. 215. O filho de pai ou mãe brasileira nascido no exterior e cujo registro estrangeiro de nascimento tenha sido transcrito diretamente em cartório competente no País terá a confirmação da nacionalidade vinculada à opção pela nacionalidade brasileira e pela residência no território nacional.

§ 1º. Depois de atingida a maioridade e até que se faça a opção pela nacionalidade brasileira, a condição de brasileiro nato ficará suspensa para todos os efeitos.

§ 2º. Feita a opção pela nacionalidade brasileira, os efeitos da condição de brasileiro nato retroagem à data de nascimento do interessado.

Art. 216. A comprovação da opção pela nacionalidade brasileira ocorrerá por meio do registro da sentença no Cartório de Registro Civil das Pessoas Naturais, observado o disposto no art. 29, *caput*, inciso VII, da Lei nº 6.015, de 31 de dezembro de 1973.

Parágrafo único. O órgão de registro deverá informar, periodicamente, os dados relativos à opção pela nacionalidade brasileira à Polícia Federal.

Art. 217. O registro consular de nascimento deverá ser trasladado em Cartório de Registro Civil das Pessoas Naturais para gerar efeitos plenos no território nacional, observado o disposto no art. 32 da Lei nº 6.015, de 1973.

Seção II
Das condições da naturalização

Art. 218. A naturalização, cuja concessão é de competência exclusiva do Ministério da Justiça e Segurança Pública, poderá ser:

I – ordinária;

II – extraordinária;

III – especial; ou

IV – provisória.

Art. 219. Ato do Ministro de Estado da Justiça e Segurança Pública disporá sobre os documentos e as diligências necessários à comprovação dos requisitos para a solicitação de cada tipo de naturalização.

Art. 220. Ato do Ministro de Estado da Justiça e Segurança Pública concederá a naturalização, desde que satisfeitas as condições objetivas necessárias à naturalização, consideradas requisito preliminar para o processamento do pedido.

Art. 221. Para fins de contagem dos prazos de residência mencionados nas exigências para obtenção da naturalização ordinária e extraordinária, serão considerados os períodos em que o imigrante tenha passado a residir no País por prazo indeterminado.

Parágrafo único. A residência será considerada fixa, para fins da naturalização provisória prevista no art. 244, a partir do momento em que o imigrante passar a residir no País por prazo indeterminado.

Art. 222. A avaliação da capacidade do naturalizando de se comunicar em língua portuguesa será regulamentada por ato do Ministro de Estado da Justiça e Segurança Pública.

Parágrafo único. Para fins do disposto no inciso III do *caput* do art. 233 e no inciso II do *caput* do art. 241, as condições do naturalizando quanto à capacidade de comunicação em língua portuguesa considerarão aquelas decorrentes de deficiência, nos termos da legislação vigente.

Art. 223. O naturalizando poderá requerer a tradução ou a adaptação de seu nome à língua portuguesa.

Art. 224. O interessado que desejar ingressar com pedido de naturalização ordinária, extraordinária, provisória ou de transformação da naturalização provisória em definitiva deverá apresentar requerimento em unidade da Polícia Federal, dirigido ao Ministério da Justiça e Segurança Pública.

Parágrafo único. Na hipótese de naturalização especial, a petição poderá ser apresentada a autoridade consular brasileira, que a remeterá ao Ministério da Justiça e Segurança Pública.

Art. 225. As notificações relacionadas com o processo de naturalização serão efetuadas preferencialmente por meio eletrônico.

Art. 226. Os Ministérios da Justiça e Segurança Pública e das Relações Exteriores tramitarão os pedidos de naturalização por meio de sistema eletrônico integrado.

Art. 227. A Polícia Federal, ao processar o pedido de naturalização:

I – coletará os dados biométricos do naturalizando;

II – juntará as informações sobre os antecedentes criminais do naturalizando; e

III – relatará o requerimento de naturalização; e

IV – poderá apresentar outras informações que instruam a decisão quanto ao pedido de naturalização.

Parágrafo único. Na hipótese de naturalização especial, a coleta dos dados biométricos prevista no inciso I do *caput* será realizada pelo Ministério das Relações Exteriores.

Art. 228. O procedimento de naturalização se encerrará no prazo de cento e oitenta dias, contado da data do recebimento do pedido.

§ 1º. Na hipótese de naturalização especial, a contagem do prazo se iniciará a partir do recebimento do pedido pelo Ministério da Justiça e Segurança Pública.

§ 2º. Caso sejam necessárias diligências para o procedimento de naturalização, o prazo previsto no *caput* poderá ser prorrogado por meio de ato do Ministro de Estado da Justiça e Segurança Pública que fundamente a prorrogação.

Art. 229. O brasileiro que tenha optado pela nacionalidade brasileira ou aquele naturalizado que tenha cumprido as suas obrigações militares no país de sua nacionalidade anterior fará jus ao Certificado de Dispensa de Incorporação.

Art. 230. A naturalização produz efeitos após a data da publicação no Diário Oficial da União do ato de naturalização.

§ 1º. Publicado o ato de naturalização no Diário Oficial da União, o Ministério da Justiça e Segurança Pública comunicará as naturalizações concedidas, preferencialmente por meio eletrônico:

I – ao Ministério da Defesa;

II – ao Ministério das Relações Exteriores; e

III – à Polícia Federal.

§ 2º. O registro do ato de concessão da naturalização será realizado, em sistema próprio do Ministério da Justiça e Segurança Pública, com o nome anterior e, caso exista, o traduzido ou o adaptado.

Art. 231. No prazo de até um ano após a concessão da naturalização, o naturalizado maior de dezoito anos e menor de setenta anos deverá comparecer perante a Justiça Eleitoral para o devido cadastramento.

Parágrafo único. A informação quanto à necessidade de comparecimento ou não perante a Justiça Eleitoral constará da decisão de naturalização publicada pelo Ministério da Justiça e Segurança Pública no Diário Oficial da União.

Art. 232. O prazo para apresentação de recurso na hipótese de indeferimento do pedido de naturalização será de dez dias, contado da data do recebimento da notificação.

§ 1º. O recurso deverá ser julgado no prazo de sessenta dias, contado da data da sua interposição.

§ 2º. A manutenção da decisão não impedirá a apresentação de novo pedido de naturalização, desde que satisfeitas as condições objetivas necessárias à naturalização.

§ 3º. Na hipótese de naturalização especial, o prazo estabelecido no *caput* será contado da data da notificação do requerente pelo Ministério das Relações Exteriores.

Seção III
Da naturalização ordinária

Art. 233. No procedimento para a concessão de naturalização ordinária, deverão ser comprovados:

I – capacidade civil, segundo a lei brasileira;

II – residência no território nacional, pelo prazo mínimo de quatro anos;

III – capacidade de se comunicar em língua portuguesa, consideradas as condições do naturalizando; e

IV – inexistência de condenação penal ou comprovação de reabilitação, nos termos da legislação vigente.

§ 1º. O prazo de residência no território nacional a que se refere o inciso II do *caput* deverá ser imediatamente anterior à apresentação do pedido.

§ 2º. Na contagem do prazo previsto no inciso II do *caput*, as viagens esporádicas do naturalizando ao exterior cuja soma dos períodos de duração não ultrapassem o período de doze meses não impedirão o deferimento da naturalização ordinária.

§ 3º. A posse ou a propriedade de bens no País não será prova suficiente do requisito estabelecido no inciso II do *caput*, hipótese em que deverá ser comprovada a residência efetiva no País.

§ 4º. O Ministério da Justiça e Segurança Pública consultará bancos de dados oficiais para comprovar o prazo de residência de que trata o inciso II do *caput*.

Art. 234. O pedido de naturalização ordinária se efetivará por meio da:

I – apresentação da Carteira de Registro Nacional Migratório do naturalizando;

II – comprovação de residência no território nacional pelo prazo mínimo requerido;

III – demonstração do naturalizando de que se comunica em língua portuguesa, consideradas as suas condições;

IV – apresentação de certidões de antecedentes criminais expedidas pelos Estados onde tenha residido nos últimos quatro anos e, se for o caso, de certidão de reabilitação; e

V – apresentação de atestado de antecedentes criminais expedido pelo país de origem.

Art. 235. O prazo de residência mínimo estabelecido no inciso II do *caput* do art. 233 será reduzido para um ano se o naturalizando preencher um dos seguintes requisitos:

I – ter filho brasileiro nato ou naturalizado, ressalvada a naturalização provisória; ou

II – ter cônjuge ou companheiro brasileiro e não estar dele separado legalmente ou de fato no momento de concessão da naturalização.

Art. 236. O prazo de residência mínimo estabelecido no inciso II do *caput* do art. 233 será reduzido para dois anos se o naturalizando preencher um dos seguintes requisitos:

I – ter prestado ou poder prestar serviço relevante ao País; ou

II – ser recomendo por sua capacidade profissional, científica ou artística.

Parágrafo único. A avaliação sobre a relevância do serviço prestado ou a ser prestado ao País e sobre a capacidade profissional, científica ou artística será realizada pelo Ministério da Justiça e Segurança Pública, que poderá consultar outros órgãos da administração pública.

Art. 237. Observado o disposto no art. 12, *caput*, inciso II, alínea "a", da Constituição, para os imigrantes originários de países de língua portuguesa serão exigidas:

I – residência no País por um ano ininterrupto; e

II – idoneidade moral.

Seção IV
Da naturalização extraordinária

Art. 238. A naturalização extraordinária será concedida a pessoa de qualquer nacionalidade que tenha fixado residência no território nacional há mais de quinze anos ininterruptos e sem condenação penal, ou já reabilitada na forma da legislação vigente, desde que requeira a nacionalidade brasileira.

§ 1º. O prazo de residência no território nacional a que se refere o *caput* deverá ser imediatamente anterior à apresentação do pedido.

§ 2º. Na contagem do prazo previsto no *caput*, as viagens esporádicas do naturalizando ao exterior não impedirão o deferimento da naturalização extraordinária.

§ 3º. A posse ou a propriedade de bens no País não será prova suficiente do requisito estabelecido no *caput*, hipótese em que deverá ser comprovada a residência efetiva no País.

§ 4º. O Ministério da Justiça e Segurança Pública poderá consultar bancos de dados oficiais para comprovar o prazo de residência no País previsto no *caput*.

Art. 239. O pedido de naturalização extraordinária se efetivará por meio da apresentação:

I – da Carteira de Registro Nacional Migratório do naturalizando;

II – de certidões de antecedentes criminais expedidas pelos Estados onde tenha residido nos últimos quatro anos e, se for o caso, de certidão de reabilitação; e

III – de atestado de antecedentes criminais expedido pelo país de origem.

Seção V
Da naturalização especial

Art. 240. A naturalização especial poderá ser concedida ao estrangeiro que se enquadre em uma das seguintes hipóteses:

I – ser cônjuge ou companheiro, há mais de cinco anos, de integrante do Serviço Exterior Brasileiro em atividade ou de pessoa a serviço do Estado brasileiro no exterior; ou

II – ser ou ter sido empregado em missão diplomática ou em repartição consular do País por mais de dez anos ininterruptos.

§ 1º. Para fins do disposto no inciso I do *caput*, considera-se pessoa a serviço do Estado brasileiro aquela cujo ato de designação ou nomeação tenha sido feito por autoridade competente e publicado no Diário Oficial da União.

§ 2º. Serão computados na contagem do prazo estabelecido no inciso II do *caput* os afastamentos do empregado por motivo de:

I – férias;

II – licença-maternidade ou licença-paternidade;

III – saúde; ou

IV – licença, nos termos da legislação trabalhista do país em que esteja instalada a missão diplomática ou repartição consular, cujo prazo de duração seja inferior a seis meses.

Art. 241. No procedimento para a concessão da naturalização especial deverão ser comprovados:

I – capacidade civil, segundo a lei brasileira;

II – capacidade de se comunicar em língua portuguesa, consideradas as condições do naturalizando; e

III – inexistência de condenação penal ou comprovação de reabilitação, nos termos da legislação vigente.

Art. 242. O pedido de naturalização especial se efetivará por meio da:

I – apresentação de documento de identidade civil válido do naturalizando;

II – demonstração do naturalizando de que se comunica em língua portuguesa, consideradas as suas condições;

III – apresentação de atestado de antecedentes criminais expedido pelo país de origem e, se residir em país diferente, também pelo país de residência.

Art. 243. Ato conjunto dos Ministros de Estado da Justiça e Segurança Pública e das Relações Exteriores disporá sobre os documentos necessários para a comprovação dos requisitos estabelecidos para a solicitação de naturalização especial.

Seção VI
Da naturalização provisória

Art. 244. A naturalização provisória poderá ser concedida ao migrante criança ou adolescente que tenha fixado residência no território nacional antes de completar dez anos de idade e deverá ser requerida por intermédio de seu representante legal.

Art. 245. O pedido de naturalização provisória se efetivará por meio da apresentação:

I – da Carteira de Registro Nacional Migratório do naturalizando; e

II – de documento de identificação civil do representante ou do assistente legal da criança ou do adolescente.

Art. 246. A naturalização provisória será convertida em definitiva se o naturalizando expressamente assim o requerer ao Ministério da Justiça e Segurança Pública no prazo de dois anos após atingir a maioridade civil.

§ 1º. Na avaliação do pedido de conversão de que trata o *caput*, será exigida a apresentação de certidões de antecedentes criminais expedidas pelos Estados onde o naturalizando tenha residido após completar a maioridade civil e, se for o caso, de certidão de reabilitação.

§ 2º. O Ministério da Justiça e Segurança Pública consultará bancos de dados oficiais para comprovar a residência do naturalizando no País.

Seção VII
Da igualdade de direitos entre portugueses e brasileiros

Art. 247. O procedimento para solicitação de igualdade de direitos entre portugueses e brasileiros a que se referem a Convenção de Reciprocidade de Tratamento entre Brasileiros e Portugueses, promulgada pelo Decreto nº 70.391, de 12 de abril de 1972, e o Tratado de Amizade, Cooperação e Consulta entre a República Federativa do Brasil e a República Portuguesa, promulgado pelo Decreto nº 3.927, de 19 de setembro de 2001, será previsto em ato do Ministro de Estado da Justiça e Segurança Pública.

Seção VIII
Da perda da nacionalidade

Art. 248. O naturalizado perderá a nacionalidade em razão de sentença transitada em julgado por atividade nociva ao interesse nacional, nos termos estabelecidos no art. 12, § 4º, inciso I, da Constituição.

Parágrafo único. A sentença judicial que cancelar a naturalização por atividade nociva ao interesse nacional produzirá efeitos após o trânsito em julgado.

Art. 249. A perda da nacionalidade será declarada ao brasileiro que adquirir outra nacionalidade, exceto nas seguintes hipóteses:

I – de reconhecimento de nacionalidade originária pela lei estrangeira; e

II – de imposição de naturalização, pela norma estrangeira, ao brasileiro residente em estado estrangeiro, como condição para permanência em seu território ou para o exercício de direitos civis.

Art. 250. A declaração da perda de nacionalidade brasileira se efetivará por ato do Ministro de Estado da Justiça e Segurança Pública, após procedimento administrativo, no qual serão garantidos os princípios do contraditório e da ampla defesa.

Art. 251. Na hipótese de procedimento de perda de nacionalidade instaurado a pedido do interessado, a solicitação deverá conter, no mínimo:

I – a identificação do interessado, com a devida documentação;

II – o relato do fato motivador e a sua fundamentação legal;

III – a documentação que comprove a incidência de hipótese de perda de nacionalidade, devidamente traduzida, se for o caso;

IV – endereço de correio eletrônico do interessado, se o possuir.

§ 1º. O Ministério da Justiça e Segurança Pública dará publicidade da decisão quanto à perda de nacionalidade em seu sítio eletrônico, inclusive quando houver interposição de recurso.

§ 2º. Caberá recurso da decisão a que se refere o § 1º à instância imediatamente superior, no prazo de dez dias, contado da data da publicação no sítio eletrônico do Ministério da Justiça e Segurança Pública.

Art. 252. O Ministério da Justiça e Segurança Pública dará ciência da perda da nacionalidade:

I – ao Ministério das Relações Exteriores;

II – ao Conselho Nacional de Justiça; e

III – à Polícia Federal.

Art. 253. O risco de geração de situação de apatridia será considerado previamente à declaração da perda da nacionalidade.

Seção IX
Da reaquisição da nacionalidade

Art. 254. O brasileiro que houver perdido a nacionalidade, em razão do disposto no inciso II do § 4º do art. 12 da Constituição, poderá, se cessada a causa, readquiri-la ou ter revogado o ato que declarou a sua perda.

§ 1º. Cessada a causa da perda de nacionalidade, o interessado, por meio de requerimento endereçado ao Ministro da Justiça e Segurança Pública, poderá pleitear a sua reaquisição.

§ 2º. A reaquisição da nacionalidade brasileira ficará condicionada à:

I – comprovação de que possuía a nacionalidade brasileira; e

II – comprovação de que a causa que deu razão à perda da nacionalidade brasileira cessou.

§ 3º. A cessação da causa da perda da nacionalidade brasileira poderá ser demonstrada por meio de ato do interessado que represente pedido de renúncia da nacionalidade então adquirida.

§ 4º. O ato que declarou a perda da nacionalidade poderá ser revogado por decisão do Ministro de Estado da Justiça e Segurança Pública caso seja constatado que estava presente uma das exceções previstas nas alíneas "a" e "b" do inciso II do § 4º do art. 12 da Constituição.

§ 5º. A decisão de revogação será fundamentada por meio da comprovação de reconhecimento de nacionalidade originária pela lei estrangeira ou de imposição de naturalização, o que poderá ser realizado por qualquer meio permitido na legislação brasileira.

§ 6º. Os efeitos decorrentes da perda da nacionalidade constarão da decisão de revogação.

§ 7º. O deferimento do requerimento de reaquisição ou a revogação da perda importará no restabelecimento da nacionalidade originária brasileira.

Capítulo XIII
DO EMIGRANTE

Art. 255. O recrutamento, no território nacional, de brasileiro para trabalhar no exterior em empresa estrangeira cujo capital social tenha participação de empresa brasileira será regulamentado em ato do Ministro de Estado do Trabalho.

Seção I
Das políticas públicas para os emigrantes

Art. 256. As políticas públicas para os emigrantes observarão os seguintes princípios e diretrizes:

I – proteção e prestação de assistência consular por meio das representações do País no exterior, a fim de proteger os interesses dos nacionais brasileiros;

II – promoção de condições de vida digna, por meio, entre outros, da facilitação do registro consular e da prestação de serviços consulares relativos às áreas de educação, saúde, trabalho, previdência social e cultura;

III – promoção de estudos e pesquisas sobre os emigrantes e as comunidades de brasileiros no exterior, a fim de subsidiar a formulação de políticas públicas;

IV – atuação diplomática, nos âmbitos bilateral, regional e multilateral, em defesa dos direitos do emigrante brasileiro, conforme o direito internacional;

V – ação governamental integrada, sob a coordenação do Ministério das Relações Exteriores, com a participação de órgãos da administração pública com atuação nas áreas temáticas mencionadas nos incisos I, II, III e IV, com vistas a assistir as comunidades brasileiras no exterior; e

VI – esforço permanente de desburocratização, atualização e modernização do sistema de atendimento, com o objetivo de aprimorar a assistência ao emigrante.

Art. 257. A assistência consular compreende:

I – o acompanhamento de casos de acidentes, hospitalização, falecimento e prisão no exterior;

II – a localização e a repatriação de nacionais brasileiros; e

III – o apoio em casos de conflitos armados e catástrofes naturais.

§ 1º. A assistência consular não compreende o custeio de despesas com sepultamento e traslado de corpos de nacionais que tenham falecido do exterior, nem despesas com hospitalização, excetuados os itens médicos e o atendimento emergencial em situações de caráter humanitário.

§ 2º. A assistência consular observará as disposições do direito internacional e das leis locais do país em que a representação do País no exterior estiver sediada.

Art. 258. Caberá aos Ministérios das Relações Exteriores e da Fazenda buscar garantir a isonomia de tratamento aos brasileiros que, residentes no exterior, recebam suas aposentadorias e suas pensões no âmbito de tratado sobre previdência social de que o País seja parte.

Seção II
Dos direitos do emigrante

Art. 259. O emigrante que decidir retornar ao País com ânimo de residência poderá introduzir no País, com isenção de direitos de importação e de taxas aduaneiras, os bens novos ou usados que o viajante, em compatibilidade com as circunstâncias de sua viagem, puder destinar para o uso ou o consumo pessoal e profissional, sempre que, por sua quantidade, natureza ou variedade, não permitam presumir importação ou exportação com fins comerciais ou industriais.

Art. 260. Na hipótese de ameaça à paz social e à ordem pública por instabilidade institucional grave ou iminente ou de calamidade de grande proporção na natureza, deverá ser prestada assistência especial ao emigrante pelas representações brasileiras no exterior.

Parágrafo único. Em situação de instabilidade política ou catástrofe natural, caberá ao Ministério das Relações Exteriores avaliar a efetiva ameaça à integridade física dos brasileiros afetados por desastres naturais, ameaças e conturbações diversas e avaliar as ações de apoio que se mostrem efetivamente necessárias.

Art. 261. O tripulante brasileiro contratado por embarcação ou armadora estrangeira, de cabotagem ou a longo curso e com sede ou filial no País que explore economicamente o mar territorial e a costa brasileira terá direito a seguro a cargo do contratante, válido para todo o período da contratação, conforme disposto no Registro de Embarcações Brasileiras, contra acidente de trabalho, invalidez total ou parcial e morte, sem prejuízo de benefícios de apólice mais favorável vigente no exterior.

Capítulo XIV
DAS MEDIDAS DE COOPERAÇÃO VINCULADAS À MOBILIDADE

Seção I
Da extradição

Art. 262. A extradição é a medida de cooperação internacional entre o Estado brasileiro e outro Estado pela qual será concedida ou solicitada a entrega de pessoa sobre quem recaia condenação criminal definitiva ou para fins de instrução de processo penal em curso.

§ 1º. A tramitação do pedido será feita por via diplomática ou pelas autoridades centrais designadas para esse fim.

§ 2º. A extradição e a sua rotina de comunicação serão realizadas pelo Ministério da Justiça e Segurança Pública em coordenação com o Ministério das Relações Exteriores e com as autoridades judiciárias e policiais competentes.

Art. 263. São condições para concessão da extradição:

I – o crime ter sido cometido no território do Estado requerente ou serem aplicáveis ao extraditando as leis penais desse Estado; e

II – o extraditando estar respondendo a processo investigatório ou a processo penal ou ter sido condenado pelas autoridades judiciárias do Estado requerente à pena privativa de liberdade superior a dois anos.

Art. 264. Compete ao Ministério da Justiça e Segurança Pública a autorização de trânsito de pessoas extraditadas por pedido de outros Estados estrangeiros pelo território nacional, observado o disposto na Lei nº 13.445, de 2017.

Art. 265. Ato do Ministro de Estado da Justiça e Segurança Pública disporá sobre os procedimentos necessários para efetivar as extradições em que o Estado brasileiro figure no polo ativo ou passivo.

Subseção I
Da extradição passiva

Art. 266. A extradição passiva ocorre quando o Estado estrangeiro solicita ao Estado brasileiro a entrega de pessoa que se encontre no território nacional sobre quem recaia condenação criminal definitiva ou para fins de instrução de processo penal em curso.

Parágrafo único. O disposto no *caput* não impedirá a transferência temporária de pessoas sob custódia para fins de auxílio jurídico mútuo, nos termos de tratado ou de promessa de reciprocidade de tratamento.

Art. 267. A extradição não será concedida quando:

I – o indivíduo cuja extradição seja solicitada ao País for brasileiro nato;

II – o fato que motivar o pedido não for considerado crime no País ou no Estado requerente;

III – o País for competente, segundo as suas leis, para julgar o crime imputado ao extraditando;

IV – a lei brasileira impuser ao crime pena de prisão inferior a dois anos;

V – o extraditando estiver respondendo a processo ou já houver sido condenado ou absolvido no País pelo mesmo fato em que se fundar o pedido;

VI – a punibilidade estiver extinta pela prescrição, segundo a lei brasileira ou a do Estado requerente;

VII – o fato constituir crime político ou de opinião;

VIII – o extraditando tiver de responder, no Estado requerente, perante tribunal ou juízo de exceção; ou

IX – o extraditando for beneficiário de refúgio, nos termos da Lei nº 9.474, de 1997, ou de asilo territorial.

§ 1º. A hipótese prevista no inciso VII do *caput* não impedirá a extradição quando o fato constituir, principalmente, infração à lei penal comum ou quando o crime comum, conexo ao delito político, constituir o fato principal.

§ 2º. A apreciação do caráter da infração caberá ao Supremo Tribunal Federal.

§ 3º. Para determinar a incidência da hipótese prevista no inciso I do *caput*, a anterioridade do fato gerador da extradição será observada nos casos de aquisição de outra nacionalidade por naturalização.

§ 4º. O Supremo Tribunal Federal poderá deixar de considerar crime político:

I – atentado contra chefe de Estado ou outras autoridades;

II – crime contra a humanidade;

III – crime de guerra;

IV – crime de genocídio; e

V – ato de terrorismo.

§ 5º. A extradição de brasileiro naturalizado pela prática de crime comum antes da naturalização ou o envolvimento em tráfico ilícito de entorpecentes e drogas afins independerá da perda da nacionalidade.

Art. 268. O extraditando poderá entregar-se voluntariamente ao Estado requerente, desde que o declare expressamente, esteja assistido por advogado e seja advertido de que tem direito ao processo judicial de extradição e à proteção que tal direito encerra, hipótese em que o pedido será decidido pelo Supremo Tribunal Federal.

Art. 269. O pedido de extradição originário de Estado estrangeiro será recebido pelo Ministério da Justiça e Segurança Pública e, após o exame da presença dos pressupostos formais de admissibilidade exigidos na Lei nº 13.445, de 2017, ou em tratado de que o País seja parte, será encaminhado ao Supremo Tribunal Federal.

§ 1º. Os compromissos de que trata o art. 274 deverão ser apresentados no ato de formalização do pedido pelo Estado requerente.

§ 2º. Não preenchidos os pressupostos de que trata este artigo, o pedido será arquivado mediante decisão fundamentada, sem prejuízo da possibilidade de renovação do pedido, devidamente instruído, uma vez superado o óbice apontado.

Art. 270. Nenhuma extradição será concedida sem prévio pronunciamento do Supremo Tribunal Federal sobre sua legalidade e sua procedência.

Parágrafo único. Não caberá recurso da decisão proferida pelo Supremo Tribunal Federal.

Art. 271. Julgada procedente a extradição pelo Supremo Tribunal Federal, o Ministério da Justiça e Segurança Pública avaliará se o estrangeiro cumpre os requisitos para ser extraditado.

Parágrafo único. Em caso positivo, o cumprimento dos requisitos será comunicado por via diplomática ou pelas autoridades centrais ao Estado requerente, que, no prazo de sessenta dias, contado da data da ciência da comunicação, deverá retirar o extraditando do território nacional.

Art. 272. Se o extraditando estiver respondendo a processo ou tiver sido condenado no País por crime punível com pena privativa de liberdade, a extradição apenas será executada após a conclusão do processo ou o cumprimento total da pena, exceto nas seguintes hipóteses:

I – liberação antecipada do extraditando pelo Poder Judiciário; ou

II – solicitação do extraditando para ser transferido para cumprir o restante da pena em seu país de origem ou no país onde possuía residência habitual ou possua vínculo pessoal.

Art. 273. Se o Estado requerente não retirar o extraditando do território nacional no prazo estabelecido no art. 272, ele será posto em liberdade, sem prejuízo de outras medidas aplicáveis.

Art. 274. A entrega do extraditando não será efetivada sem que o Estado requerente assuma o compromisso de:

I – não submeter o extraditando a prisão ou a processo por fato anterior ao pedido de extradição;

II – computar o tempo de prisão que, no País, tenha sido imposta por força da extradição;

III – comutar a pena corporal, perpétua ou de morte em pena privativa de liberdade, respeitado o limite máximo de cumprimento de trinta anos;

IV – não entregar o extraditando, sem consentimento do País, a outro Estado que o reclame;

V – não considerar qualquer motivo político para agravar a pena; e

VI – não submeter o extraditando a tortura ou a outros tratamentos ou penas cruéis, desumanos ou degradantes.

Art. 275. Em caso de urgência, o Estado interessado na extradição poderá, prévia ou conjuntamente com a formalização do pedido de extradição, requerer, por via diplomática ou por meio de autoridade central, no âmbito do Ministério da Justiça e Segurança Pública, prisão cautelar com o objetivo de assegurar a executoriedade da medida de extradição, hipótese em que caberá à autoridade central, após o exame da presença dos pressupostos formais de admissibilidade exigidos na Lei nº 13.445, de 2017, ou em tratado de que o País seja parte, representar ao Supremo Tribunal Federal, que ouvirá previamente o Ministério Público Federal.

§ 1º. O pedido de prisão cautelar deverá conter informação sobre o crime cometido e deverá ser fundamentado, o qual poderá ser apresentado por correio, fax, mensagem eletrônica ou qualquer outro meio que assegure a comunicação por escrito.

§ 2º. Na ausência de tratado, o Ministério das Relações Exteriores será provocado pelo Ministério da Justiça e Segurança Pública para obtenção, junto ao país requerente, da promessa de reciprocidade de tratamento necessária à instrução do pedido de prisão.

§ 3º. O pedido de prisão cautelar poderá ser transmitido ao Supremo Tribunal Federal para extradição no País por meio de canal estabelecido com o ponto focal da Interpol no País, devidamente instruído com a documentação comprobatória da existência de ordem de prisão proferida por Estado estrangeiro, e, na ausência de tratado, com a promessa de reciprocidade de tratamento recebida por via diplomática.

§ 4º. Efetivada a prisão do extraditando, o pedido de extradição será encaminhado ao Supremo Tribunal Federal.

§ 5º. Na ausência de disposição específica em convenção ou tratado internacional, o Estado estrangeiro deverá formalizar o pedido de extradição no prazo de sessenta dias, contado da data em que tiver sido cientificado da prisão do extraditando.

§ 6º. A prisão cautelar poderá ser prorrogada até o julgamento final da autoridade judiciária competente quanto à legalidade do pedido de extradição, resguardada a manutenção da prisão até a entrega efetiva do extraditando ao Estado estrangeiro, observado o disposto nos art. 92 e art. 93 da Lei nº 13.445, de 2017.

Art. 276. Ao ser comunicado pelo Supremo Tribunal Federal a respeito da decisão sobre a concessão de prisão cautelar, o Ministério da Justiça e Segurança Pública deverá:

I – se deferida a prisão, dar cumprimento à ordem e comunicar o Estado requerente, sem prejuízo das comunicações entre as congêneres da Interpol, realizadas por seu canal oficial; ou

II – se denegada a prisão, comunicar prontamente o Estado requerente.

Art. 277. Efetivada a prisão, o Ministério da Justiça e Segurança Pública deverá informar ao Supremo Tribunal Federal a data do cumprimento da medida e o local onde o extraditando ficará custodiado no País, hipótese em que o preso ficará à disposição daquele Tribunal.

Subseção II
Da extradição ativa

Art. 278. A extradição ativa ocorre quando o Estado brasileiro requer a Estado Estrangeiro a entrega de pessoa sobre quem recaia condenação criminal definitiva ou para fins de instrução de processo penal em curso.

Parágrafo único. O disposto no *caput* não impedirá a transferência temporária de pessoas sob custódia para fins de auxílio jurídico mútuo, nos termos de tratado ou de promessa de reciprocidade de tratamento.

Art. 279. O pedido que possa originar processo de extradição perante Estado estrangeiro deverá ser encaminhado ao Ministério da Justiça e Segurança Pública diretamente pelo órgão do Poder Judiciário responsável pela decisão ou pelo processo penal que a fundamenta.

§ 1º. Compete ao Ministério da Justiça e Segurança Pública o papel de orientação, de informação e de avaliação dos elementos formais de admissibilidade dos processos preparatórios para encaminhamento ao Estado requerido, por via diplomática ou por via de autoridades centrais.

§ 2º. Compete exclusivamente ao órgão do Poder Judiciário responsável pelo processo penal o encaminhamento do pedido de extradição ativa para o Ministério da Justiça e Segurança Pública devidamente instruído, acompanhado da tradução juramentada.

§ 3º. Caso o pedido de extradição ativa seja encaminhado diretamente ao Ministério das Relações Exteriores, este deverá necessariamente retransmiti-lo ao Ministério da Justiça e Segurança Pública, a fim de ser realizado o juízo prévio de admissibilidade.

§ 4º. O Ministério da Justiça e Segurança Pública poderá notificar os órgãos do sistema de Justiça vinculados ao processo gerador do pedido de extradição, a fim de que tais órgãos viabilizem a apresentação ao juízo competente dos documentos, das manifestações e dos demais elementos necessários para o processamento do pedido, acompanhado das traduções oficiais.

§ 5º. O encaminhamento do pedido de extradição pelo órgão do Poder Judiciário responsável pelo processo penal ao Ministério da Justiça e Segurança Pública confere autenticidade aos documentos.

Art. 280. O Ministério da Justiça e Segurança Pública realizará o exame da presença dos pressupostos formais de admissibilidade exigidos em lei ou em tratado e, caso atendidos, providenciará o encaminhamento imediato do pedido de prisão ou de extradição ao Estado requerido, por via diplomática ou por via de autoridades centrais.

Seção II
Da transferência de execução da pena

Art. 281. Nas hipóteses em que couber solicitação de extradição executória, o Ministério da Justiça e Segurança Pública exercerá a função de autoridade central e realizará o exame da presença dos pressupostos formais de admissibilidade exigidos na legislação brasileira ou em tratado de que o País faça parte, a fim de que o pedido de transferência de execução da pena possa ser processado perante as autoridades brasileiras competentes, desde que observado o princípio do *non bis in idem*.

Art. 282. São requisitos para a transferência de execução de pena:

I – o condenado em território estrangeiro ser nacional ou ter residência habitual ou vínculo pessoal no País;

II – a sentença ter transitado em julgado;

III – a duração da condenação a cumprir ou que restar para cumprir ser de, no mínimo, um ano na data da apresentação do pedido ao Estado da condenação;

IV – o fato que originou a condenação constituir infração penal perante a lei de ambas as partes; e

V – a transferência ser baseada em tratado ou promessa de reciprocidade de tratamento.

Art. 283. O pedido será recebido pelo Ministério da Justiça e Segurança Pública, que, após o exame da presença dos pressupostos formais de admissibilidade exigidos na legislação brasileira ou em tratado de que o País faça parte, encaminhará a solicitação ao Superior Tribunal de Justiça para decisão quanto à homologação da sentença estrangeira.

Art. 284. Ato do Ministro de Estado da Justiça e Segurança Pública definirá os procedimentos necessários para efetuar as transferências de execução de pena, sejam aquelas solicitadas, sejam aquelas autorizadas pelo Estado brasileiro.

Seção III
Da transferência de pessoa condenada

Art. 285. A transferência da pessoa condenada, mecanismo de cooperação jurídica internacional de natureza humanitária que visa a contribuir para a reintegração social do beneficiado, poderá ser concedida quando o pedido for fundamentado em tratado de que o País faça parte ou houver promessa de reciprocidade de tratamento.

§ 1º. O condenado no território nacional poderá ser transferido para o seu país de nacionalidade ou para o país em que tiver residência habitual ou vínculo pessoal, desde que expresse interesse nesse sentido, a fim de cumprir a pena a ele imposta pelo Estado brasileiro por sentença transitada em julgado.

§ 2º. A transferência da pessoa condenada no País poderá ser concedida juntamente com a aplicação de medida de impedimento de reingresso no território nacional.

§ 3º. Compete ao Ministério da Justiça e Segurança Pública o processamento e a autorização das transferências de pessoas condenadas, além da análise técnica dos processos de negociação e ampliação da rede de tratados internacionais sobre a matéria, em coordenação com o Ministério das Relações Exteriores.

§ 4º. Nas hipóteses de transferência, a Polícia Federal providenciará o registro de dados biográficos e biométricos do condenado, do qual constarão a coleta de impressões digitais e fotografia.

Art. 286. A responsabilidade pela aplicação e pela administração continuada da pena deverá passar do Estado remetente para o Estado recebedor assim que a pessoa condenada for formalmente entregue à custódia das autoridades do Estado recebedor.

§ 1º. Quando a pessoa condenada for entregue à custódia das autoridades do Estado recebedor, a aplicação da sentença pelo Estado remetente cessará.

§ 2º. Na hipótese de pessoa condenada transferida que retorne ao Estado remetente depois do término do cumprimento da sentença no Estado recebedor, o Estado remetente não deverá aplicará novamente a sentença original.

Art. 287. O Ministério da Justiça e Segurança Pública manterá contato com o juízo competente no território nacional ou com a autoridade central do Estado recebedor, conforme o caso, para monitorar a aplicação continuada da sentença depois da transferência.

Art. 288. A aplicação da pena será regida pela lei do Estado recebedor, inclusive quanto às formas de extinção da punibilidade, exceto se previsto de maneira diversa em tratado de que o País seja parte.

Art. 289. Nenhuma pessoa condenada será transferida, a menos que a sentença seja de duração e natureza exequíveis ou que tenha sido adaptada a duração exequível no Estado recebedor por suas autoridades competentes, nos termos da legislação interna.

Parágrafo único. O Ministério da Justiça e Segurança Pública, no acompanhamento da aplicação da pena, atentará para que o Estado recebedor não agrave, de qualquer modo, a pena imposta no Estado remetente, observada a legislação do Estado remetente.

Art. 290. Ato do Ministro de Estado da Justiça e Segurança Pública disporá sobre os procedimentos necessários para efetivar a transferência de pessoas condenadas.

Subseção I
Da transferência passiva

Art. 291. A transferência passiva ocorre quando a pessoa condenada pela Justiça brasileira solicitar ou concordar com a transferência para o seu país de nacionalidade ou para o país em que tiver residência habitual ou vínculo pessoal para cumprir o restante da pena.

Art. 292. O processo de transferência passiva de pessoa condenada somente será iniciado por meio de solicitação ao Ministério da Justiça e Segurança Pública feita:

I – pela pessoa condenada; ou

II – por qualquer pessoa ou autoridade, brasileira ou estrangeira, que tenha conhecimento do interesse da pessoa condenada em ser transferida.

Art. 293. Apresentado o pedido de transferência de pessoa condenada, o Ministério da Justiça e Segurança Pública verificará o preenchimento dos seguintes requisitos:

I – o condenado no território de uma das partes ser nacional ou ter residência habitual ou vínculo pessoal no território da outra parte que justifique a transferência;

II – a sentença ter transitado em julgado;

III – a duração da condenação a cumprir ou que restar para cumprir ser de, no mínimo, um ano na data da apresentação do pedido ao Estado da condenação;

IV – o fato que originou a condenação constituir infração penal perante a lei de ambos os Estados;

V – haver manifestação de vontade do condenado ou, quando for o caso, de seu representante; e

VI – haver concordância de ambos os Estados.

§ 1º. O Ministério da Justiça e Segurança Pública poderá atuar junto ao Poder Judiciário, aos estabelecimentos penitenciários, às repartições diplomáticas ou consulares e ao Estado recebedor, por via diplomática ou por via de autoridades centrais, e a outros órgãos envolvidos, a fim de obter informações quanto ao atendimento aos requisitos estabelecidos no *caput*.

§ 2º. Na hipótese de não haver sentença transitada em julgado, o processo será sobrestado até a sentença condenatória definitiva.

§ 3º. Caso os demais requisitos estabelecidos no *caput* além daquele a que se refere o § 2º não sejam atendidos, o processo será arquivado e o interessado será comunicado imediatamente, sem prejuízo de nova solicitação de transferência.

Art. 294. O pedido de transferência será fundamentado em tratado de que o País seja parte ou, na sua ausência, em promessa de reciprocidade de tratamento.

Parágrafo único. A promessa de reciprocidade de tratamento será solicitada, por via diplomática, ao Estado recebedor pelo Ministério das Relações Exteriores.

Art. 295. Ato do Ministro de Estado da Justiça e Segurança Pública disporá sobre a documentação necessária à instrução dos processos, considerados os tratados e os compromissos assumidos por reciprocidade de tratamento.

Subseção II
Da transferência ativa

Art. 296. A transferência ativa ocorre quando a pessoa condenada pela Justiça do Estado estrangeiro solicitar ou concordar com a transferência para o País, por possuir nacionalidade brasileira ou residência habitual ou vínculo pessoal no território nacional, para cumprir o restante da pena.

Art. 297. O processo de transferência ativa de pessoa condenada somente será iniciado por meio de solicitação ao Ministério da Justiça e Segurança Pública feita:

I – pela pessoa condenada; ou

II – por qualquer pessoa ou autoridade, brasileira ou estrangeira, que tenha conhecimento do interesse da pessoa condenada em ser transferida.

Art. 298. Apresentado o pedido de transferência de pessoa condenada, o Ministério da Justiça e Segurança Pública verificará o preenchimento dos seguintes requisitos:

I – o condenado no território de uma das partes ser nacional ou ter residência habitual ou vínculo pessoal no território da outra parte que justifique a transferência;

II – a sentença ter transitado em julgado;

III – a duração da condenação a cumprir ou que restar para cumprir ser de, no mínimo, um ano na data da apresentação do pedido ao Estado da condenação;

IV – o fato que originou a condenação constituir infração penal perante a lei de ambos os Estados;

V – haver manifestação de vontade do condenado ou, quando for o caso, de seu representante; e

VI – haver concordância de ambos os Estados.

§ 1º. O Ministério da Justiça e Segurança Pública informará ao juízo competente da Justiça Federal sobre o pedido de transferência recebido, para que a vaga em estabelecimento prisional onde a pessoa condenada cumprirá o restante da pena no território nacional seja providenciada.

§ 2º. O Ministério da Justiça Segurança Pública poderá atuar junto ao Poder Judiciário, aos estabelecimentos penitenciários, às repartições diplomáticas ou consulares, às Secretarias Estaduais de Segurança Pública, ao Estado remetente, por via diplomática ou por via de autoridades centrais, e aos demais órgãos envolvidos, a fim de obter informações quanto ao atendimento aos requisitos estabelecidos no *caput*.

§ 3º. Na hipótese de não haver sentença transitada em julgado, o processo será sobrestado até a sentença condenatória definitiva.

§ 4º. Caso os demais requisitos estabelecidos no *caput* além daquele a que se refere o § 3º não sejam atendidos, o processo será arquivado e o interessado será comunicado imediatamente, sem prejuízo de nova solicitação de transferência.

Art. 299. O Ministério da Justiça e Segurança Pública definirá a documentação necessária à instrução dos processos, considerados os tratados e os compromissos assumidos por reciprocidade.

Capítulo XV
DAS INFRAÇÕES E DAS PENALIDADES ADMINISTRATIVAS

Art. 300. As infrações administrativas previstas neste Capítulo serão apuradas em procedimento administrativo próprio, assegurados os princípios do contraditório e da ampla defesa e observadas as disposições da Lei nº 13.445, de 2017, deste regulamento, e subsidiariamente, da Lei nº 9.784, de 1999.

§ 1º. O cometimento simultâneo de duas ou mais infrações importará a cumulação das sanções cabíveis, respeitados os limites estabelecidos nos incisos V e VI do *caput* do art. 301.

§ 2º. A multa atribuída por dia de atraso ou por excesso de permanência poderá ser convertida em redução equivalente do prazo de estada do visto de visita, na hipótese de nova entrada no País, conforme disposto em ato do dirigente máximo da Polícia Federal.

§ 3º. O pagamento da multa não obstará o impedimento de ingresso no País se o visitante já houver excedido o prazo de estada disponível no ano migratório, observado o disposto no inciso XI do *caput* do art. 171.

Art. 301. Para a definição do valor da multa aplicada, a Polícia Federal considerará:

I – as hipóteses individualizadas na Lei nº 13.445, de 2017;

II – a condição econômica do infrator, a reincidência e a gravidade da infração;

III – a atualização periódica conforme estabelecido em ato do Ministro de Estado da Justiça e Segurança Pública;

IV – o valor mínimo individualizável de R$ 100,00 (cem reais);

V – o valor mínimo de R$ 100,00 (cem reais) e o valor máximo de R$ 10.000,00 (dez mil reais) para infrações cometidas por pessoa física; e

VI – o valor mínimo de R$ 1.000,00 (mil reais) e o valor máximo de R$ 1.000.000,00 (um milhão de reais) para infrações cometidas por pessoa jurídica, por ato infracional.

Art. 302. A pessoa física ou jurídica que voltar a cometer infração disciplinada no art. 307, no prazo de doze meses, será considerada reincidente em qualquer parte do território nacional.

Art. 303. A fixação do valor mínimo individualizável das multas na hipótese de reincidência obedecerá aos seguintes critérios:

I – na primeira reincidência, o valor será dobrado;

II – na segunda reincidência, o valor será triplicado;

III – na terceira reincidência, o valor será quadruplicado; e

IV – da quarta reincidência em diante, o valor será quintuplicado.

§ 1º. O critério utilizado para a pessoa jurídica na aferição da reincidência será a repetição da conduta e não o número de estrangeiros autuados.

§ 2º. A autuação ocorrida após transcorrido um ano, contado da data da autuação anterior, será desconsiderada para efeitos de reincidência.

Art. 304. A multa decorrente de infração disciplinada no art. 307 prescreverá no prazo de cinco anos, contado da data da prática do ato, ou, na hipótese de infração permanente ou continuada, contado da data em que houver cessado.

Art. 305. A fixação da pena de multa considerará a situação econômica do autuado, observada as hipóteses previstas para pessoa física e jurídica.

Parágrafo único. O valor da multa poderá ser aumentado até o máximo previsto em lei se a autoridade autuadora considerar que, em decorrência da situação econômica do autuado, a aplicação do valor mínimo individualizável será considerada ineficaz.

Art. 306. Poderão ser considerados como gravidade para a fixação da multa:

I – os fatos e as circunstâncias diretamente relacionadas ao cometimento da infração;

II – a infração tenha sido cometida após o recebimento de esclarecimentos ou comando direto prestados previamente pela autoridade migratória; e

III – a destruição de barreira ou o obstáculo diretamente relacionado com o cometimento da infração.

Art. 307. Constitui infração e sujeita o infrator às seguintes sanções:

I – entrar no território nacional sem estar autorizado:

Sanção: deportação, caso não saia do País ou não regularize a situação migratória no prazo estabelecido;

II – permanecer no território nacional depois de encerrado o prazo da documentação migratória:

Sanção: multa por dia de excesso e deportação, caso não saia do País ou não regularize a situação migratória no prazo estabelecido;

III – deixar de se registrar, no prazo de noventa dias, contado da data do ingresso no País, quando a identificação civil for obrigatória:

Sanção: multa;

IV – deixar o imigrante de se registrar, para efeito de autorização de residência, no prazo de trinta dias, quando orientado pelo órgão competente a fazê-lo:

Sanção: multa por dia de atraso;

V – transportar para o País pessoa que esteja sem documentação migratória regular:

Sanção: multa por pessoa transportada;

VI – deixar o transportador de atender a compromisso de manutenção da estada ou de promoção da saída do território nacional de quem tenha sido autorizado a ingresso condicional no País por não possuir a documentação migratória devida:

Sanção: multa; e

VII – furtar-se ao controle migratório, na entrada ou na saída do território nacional:

Sanção: multa.

Art. 308. As penalidades aplicadas serão objeto de pedido de reconsideração e de recurso, nos termos deste regulamento e de ato do dirigente máximo da Polícia Federal.

Parágrafo único. Serão respeitados o contraditório, a ampla defesa e a garantia de recurso, assim como a situação de hipossuficiência do migrante ou do visitante.

Art. 309. As infrações administrativas com sanção de multa previstas neste Capítulo serão apuradas em processo administrativo, o qual terá como fundamento o auto de infração lavrado pela Polícia Federal.

§ 1º. O auto de infração deverá relatar, de forma circunstanciada, a infração e a sua fundamentação legal.

§ 2º. O auto de infração será submetido à assinatura do autuado ou do seu representante legal após a assinatura pela autoridade responsável pela autuação.

§ 3º. Caso o autuado ou o seu representante legal não possa ou se recuse a assinar o auto de infração, esse fato deverá ser registrado no referido auto.

§ 4º. Lavrado o auto de infração, o infrator será considerado notificado para apresentar defesa no prazo de dez dias.

§ 5º. O infrator que, regularmente notificado, não apresentar defesa será considerado revel.

§ 6º. O infrator poderá, por meios próprios ou por meio de defensor constituído, apresentar defesa no prazo estabelecido no § 4º, e fazer uso dos meios e dos recursos admitidos em direito, inclusive tradutor ou intérprete.

§ 7º. Encerrado o prazo estabelecido no § 4º, o processo será julgado e a Polícia Federal dará publicidade da decisão proferida em seu sítio eletrônico.

§ 8º. Caberá recurso da decisão de que trata o § 7º à instância imediatamente superior, no prazo de dez dias, contado da data da publicação no sítio eletrônico da Polícia Federal.

§ 9º. Na hipótese de decisão final com sanção de multa, a Polícia Federal dará publicidade da decisão em seu sítio eletrônico.

§ 10. O infrator deverá realizar o pagamento da multa no prazo de trinta dias, contado data da publicação a que se refere o § 9º.

§ 11. O processo será encaminhado à Procuradoria-Geral da Fazenda Nacional para a apuração do débito e a inscrição em dívida ativa se o pagamento da multa a que se refere o § 10 não for efetuado.

Art. 310. As infrações administrativas com sanção de deportação previstas neste Capítulo serão apuradas conforme o processo administrativo a que se refere o art. 176.

Art. 311. A saída do território nacional da pessoa sobre a qual tenha sido aberto processo para apuração de infração administrativa não interromperá o curso do referido processo.

Capítulo XVI
DISPOSIÇÕES FINAIS E TRANSITÓRIAS

Art. 312. Taxas e emolumentos consulares não serão cobrados pela concessão de vistos ou para a obtenção de documentos para regularização migratória aos integrantes de grupos vulneráveis e aos indivíduos em condição de hipossuficiência econômica.

§ 1º. A condição de hipossuficiência econômica será declarada pelo solicitante, ou por seu representante legal, e avaliada pela autoridade competente.

§ 2º. Na hipótese de dúvida quanto à condição de hipossuficiência, a autoridade competente poderá solicitar documentação complementar para fins de comprovação dessa condição.

§ 3º. Na hipótese de falsidade da declaração de que trata o § 1º, o solicitante ficará sujeito ao pagamento de taxa ou emolumento consular correspondente e às sanções administrativas, civis e penais aplicáveis.

§ 4º. Para fins de isenção de taxas e emolumentos consulares para concessão de visto, as pessoas para as quais o visto temporário para acolhida humanitária seja concedido serão consideradas pertencentes a grupos vulneráveis, nos termos estabelecidos em ato conjunto dos Ministros de Estado da Justiça e Segurança Pública, das Relações Exteriores e do Trabalho.

§ 5º. Para fins de isenção de taxas para obtenção de documentos de regularização migratória, os menores desacompanhados, as vítimas de tráfico de pessoas e de trabalho escravo e as pessoas beneficiadas por autorização de residência por acolhida humanitária serão consideradas pertencentes a grupos vulneráveis.

§ 6º. A avaliação da condição de hipossuficiência para fins de processamento do pedido de visto será disciplinada pelo Ministério das Relações Exteriores, consideradas, em especial, as peculiaridades do local onde o visto for solicitado.

§ 7º. A avaliação da condição de hipossuficiência econômica para fins de isenção de taxas e para pedido de obtenção de documentos de regularização migratória será disciplinada pelo Ministério da Justiça e Segurança Pública.

§ 8º. O disposto no *caput* também se aplica às multas previstas no Capítulo XV.

Art. 313. Ato do Ministro de Estado da Justiça e Segurança Pública disporá sobre a notificação eletrônica a que se referem a Lei nº 13.445, de 2017, e este Decreto.

Art. 314. O Anexo ao Decreto nº 9.150, de 4 de setembro de 2017, passa a vigorar com as seguintes alterações:

"Art. 13. (...)

VIII – instruir processos e opinar em tema de reconhecimento, cassação e perda da condição de refugiado, autorizar a saída e o reingresso no País e expedir o documento de viagem;

.. (NR)"

Art. 315. O visto emitido até a data de entrada em vigor da Lei nº 13.445, de 2017, poderá ser utilizado até a data prevista para a expiração de sua validade e poderá ser transformado ou ter o seu prazo de estada prorrogado.

§ 1º. Excepcionalmente, na hipótese de vistos que dependam de autorização prévia do Ministério do Trabalho, a base legal para a sua emissão será aquela em vigor na data de início da tramitação do processo junto ao Ministério do Trabalho, para fins de definição, dentre outros, de tipologia e de prazos do visto, observado o seguinte:

I – a emissão de vistos com fundamento na Lei nº 6.815, de 19 de agosto de 1980, será realizada apenas nas hipóteses em que o pedido de visto seja apresentado a embaixada ou consulado no prazo de noventa dias, contado da data da publicação da autorização emitida pelo Ministério do Trabalho no Diário Oficial da União;

II – o pedido de visto apresentado após o prazo estabelecido no inciso I terá fundamento na Lei nº 13.445, de 2017, para fins de definição, dentre outros, de tipologia e de prazos do visto; e

III – nas hipóteses previstas no inciso II, o visto será concedido com fundamento na Lei nº 13.445, de 2017, e deverá corresponder ao objetivo da viagem, conforme emitida pelo Ministério do Trabalho.

§ 2º. O pedido de visto apresentado a embaixada ou consulado até a data de entrada em vigor da Lei nº 13.445, de 2017, será processado com fundamento na tipologia de vistos prevista na Lei nº 6.815, de 1980, independentemente de sua data de emissão.

§ 3º. Os vistos a que se referem o art. 4º, *caput*, inciso II, e o art. 13, *caput*, inciso II, da Lei nº 6.815, de 1980, independentemente de sua data de emissão, permitirão a realização das demais atividades previstas no visto de visita, nos termos estabelecidos na Lei nº 13.445, de 2017, e neste Decreto, enquanto estiverem válidos.

§ 4º. Os vistos emitidos com fundamento na Lei nº 6.815, de 1980, poderão ser transformados em autorização de residência ou em visto diplomático, oficial ou de cortesia, quando for o caso, no território nacional, desde que cumpridos os requisitos estabelecidos neste Decreto.

Art. 316. O disposto no art. 315 se aplica, no que couber, aos procedimentos de controle migratório, renovação de prazo de estada e registro realizados pela Polícia Federal.

Parágrafo único. As residências temporárias e as permanências requeridas até a data de entrada em vigor da Lei nº 13.445, de 2017, poderão ser consideradas como autorizações de residência previstas neste Decreto, desde que preenchidos os requisitos da modalidade de residência requerida, nos termos da referida Lei e deste regulamento.

Art. 317. Os órgãos responsáveis pela implementação das disposições deste Decreto disporão do prazo de doze meses, contado da data de sua publicação, para a adaptação de procedimentos e sistemas.

Art. 318. Ato conjunto dos Ministros de Estado das Relações Exteriores e do Trabalho disporá sobre o funcionamento do sistema eletrônico integrado para processamento dos pedidos de visto e autorização de residência de que tratam os art. 34, § 6º, art. 38, § 9º, art. 42, § 3º, art. 43, § 3º, e art. 46, § 5º.

Art. 319. Este Decreto entra em vigor na data de sua publicação.

Brasília, 20 de novembro de 2017; 196º da Independência e 129º da República.

Michel Temer

DOU de 21.11.2017

ANEXO

TABELA DE FAIXAS PARA AUTORIZAÇÃO DE RESIDÊNCIA A QUE SE REFERE O ART. 131 [Vide p. 24.]

NATUREZA DA ATIVIDADE	VALOR
Processamento e avaliação de pedidos de autorização de residência	R$ 168,13
Emissão de cédula de identidade de imigrante	R$ 204,77
Transformação de vistos de visita, diplomático, oficial e de cortesia em autorização de residência	R$ 168,13

edipro

São Paulo: (11) 3107-4788 • Bauru: (14) 3234-4121
www.edipro.com.br • edipro@edipro.com.br
@editoraedipro @editoraedipro